悦读名品

U0430467

永不下线

后数字时代的生存法则

アフターデジタル

（日）藤井保文 （日）尾原和启 ◎著
田莎莎 ◎译

化学工业出版社
·北京·

AFTER DIGITAL written by Yasufumi Fujii, Kazuhiro Obara
Copyright © 2019 by beBit, Inc. All rights reserved.
Originally published in Japan by Nikkei Business Publications, Inc.
Simplified Chinese translation rights arranged with Nikkei Business Publications, Inc.
through Shinwon Agency, Co.

本书中文简体字版由株式会社日经BP通过信元代理公司授权化学工业出版社有限公司独家出版发行。

本书仅限在中国内地（大陆）销售，不得销往中国香港、澳门和台湾地区。未经许可，不得以任何方式复制或抄袭本书的任何部分，违者必究。

北京市版权局著作权合同登记号：01-2020-5958

图书在版编目（CIP）数据

永不下线：后数字时代的生存法则 /（日）藤井保文，（日）尾原和启著；田莎莎译 . —北京：化学工业出版社，2021.4

ISBN 978-7-122-38531-4

Ⅰ. ①永⋯ Ⅱ. ①藤⋯ ②尾⋯ ③田⋯ Ⅲ. ①数字技术 – 应用 – 企业管理 – 研究 Ⅳ. ① F272.7

中国版本图书馆 CIP 数据核字（2021）第 026640 号

责任编辑：郑叶琳　张焕强　　　　　装帧设计：韩　飞
责任校对：杜杏然

出版发行：化学工业出版社（北京市东城区青年湖南街 13 号　邮政编码 100011）
印　　装：三河市双峰印刷装订有限公司
880mm×1230mm　1/32　印张 6¼　字数 119 千字　2021 年 6 月北京第 1 版第 1 次印刷

购书咨询：010-64518888　　　　　售后服务：010-64518899
网　　址：http://www.cip.com.cn
凡购买本书，如有缺损质量问题，本社销售中心负责调换。

定　　价：52.00 元　　　　　　　　　　　　　　　　版权所有　违者必究

⟨前言⟩

◇ **致后数字时代的商业先驱者** ◇

本书设想的读者,是那些想要进行"数字转型"却不知道"具体应该怎么办"的朋友们。我们希望通过本书向大家提供"变革的武器"。

我是本书作者之一的藤井保文,供职于日本的 beBit 公司。这两年我们经常举办名为"中国之旅"的"中国数字环境考察合宿团",带领来自不同公司的日本企业管理者前往中国进行考察。我们的考察活动,并非只是简单地游览那些新奇的场所,或仅仅与中国的企业管理者进行会谈,我们一半以上的时间都会用来开研讨会进行讨论,我们会向考察团成员介绍中国这些新经济的内在机制,说明其背后的新经济竞争原则。

通过这些活动，我深刻地感受到，日本的企业界人士对"数字化完全渗透的世界完全没有想象力"。无论是大公司也好，还是初创企业的经营者也好，都有这个通病。对此我深表忧虑。日本至今为止还是觉得"自己是仅次于美国的老二"，心里还在扬扬自得。我一直在思考，究竟怎么做才能扭转这种现状。在此之前，在网络上我积极发言献计献策，平时也参加了很多研讨会的演讲，收到的反响出乎预料。因此这次我想用书籍的形式进行系统的说明，以期让更多的朋友得到一些启示。

本书还有一位作者，就是《IT经济的原则》《平台——IT企业能否改变世界？》（均为NHK出版）、《在哪儿都能工作，和谁搭档也都能工作》（钻石社）的作者尾原和启君。尾原君之前参加"中国之旅"时，我们就日本的现状进行了热烈的讨论，两人意气相投决定合作。这本书把我的实际经验，同尾原君庞大的国际知识体系相结合。这样一来，本书不仅用全球化的视野概述了整个数字世界发生的变化，在商业活动中观察事物的角度与需要采取的行动方面，也能为大家提供一些参考。

不复存在的线下

现在很多日本企业都积极引入了"数字技术"，但大部分采取的都是"以线下为基础，活用线上技术"的方式。例如"线上服务提供与线下服务相同的客户体验"，或是"导入一部分自助收银机"等措施。

然而，综观整个世界，比如说美国的部分区域、中国的城市地区、以爱沙尼亚等为代表的部分北欧地区，线上线下的主次地位已经出现反转。在这些地方，思考方式已经以线上为基础，线上成为"主"。而线下则定位为"与可信度高的客户的接触点"，成了"次"。

想想看吧，随着移动支付的普及，所有的消费行为都会变成在线数据，关联到个人ID。IoT[①]或摄像头等各种传感器都会成为数字世界与现实世界相连的节点，不光是个人的消费行为，其他所有活动、行为都将成为在线数据。我们甚至可以这样说，线下世界将不复存在。

"从价值链到价值旅程"

这样一来，客户触点的数据量会变得极为庞大，企业之间的竞争原则，也变成了如何使用客户触点创造更良好的Experience(用户体验)，和如何通过客户触点增加自身公司服务对客户的吸引力。"如果不能提高客户与自身产品的接触频率，充分挖掘消费者行为数据的价值，就会在与其他公司的竞争中败下阵来"，未来很可能变成这样的竞争构造。如果只是销售一些获取不了任何数据的产品，那就无法捕捉客户行为的下一步变化，企业的竞争力也无从谈起。

今后，"拥有大量的客户触点数据，同时能将其运用到良

---

① Internet of Things 的缩写，指"物联网"。——编者注

好的客户体验之上"是否能推动这个产品改良的循环高效运转,将成为企业是否成功的关键。这也就是未来世界的竞争原则。竞争原则发生变化,产业结构也会随之改变。迄今为止,我们的产业都是以制造企业为主导,处于价值链上游的企业站在金字塔的顶端,而客户触点这类东西处于非常低端的位置。但是以后,大量拥有客户触点的平台会站到金字塔顶端,只会造东西的企业将沦为"多个触点之一"的商品承包商。这种新的产业结构的变化,我把它称为"从价值链到价值旅程"。其实这种构造变化,我们只要观察过去30年间上市企业的股票市值变化就能很明显地发现。

社会系统的升级

如果到处都是移动设备与传感器,那现实世界中的线下将不复存在,而"数字世界覆盖线下"的时代即将到来。我们将这样的世界称为"后数字时代"。而与此同时,认为"线下世界才是中心,数字领域的发展仅仅是一种附加价值",这种很多日本人都持有的看法,我们将其称为"前数字时代"的思考方式。

后数字时代的世界观,应该是仿佛"我们住在数字世界"一般,而日本尚未认识到这一点。但这也理所当然,因为在日本,这样的时代并未到来。当今的日本,喜欢把数字化的事例当作是"个别的举措"。然而,如果数字化进一步渗透,整个社会系统将会升级,从"点"的连接,变成"线"和"面"的连接。

如果我们观察数字化程度较高的国家与地区，就会看到这一点已经被证实。

我认为日本要想赶超当今世界先进水平，就必须**"以'数据 × 体验'为切入点进行思考，打开新的眼界"**，这种想法也可以说是我撰写这本书的初衷。

本书的构成

本书不仅想为企业界人士敲响警钟，同时也为大家提供了"世界上主流的数字化转型的方法论"。为了便于理解，我们在书中介绍了以中国为主的各国事例。相信在各位读者对未来有所迷茫时，转过头来翻阅本书能获得一些启示；各位读者还可以把本书作为说服上司的材料，或把本书作为与团队同仁一起"共同描绘的蓝图"使用，我们相信它对大家一定能有所帮助。

本书由 4 章构成。

第 1 章以实例来告诉您什么是先进的数字化环境。通过展示世界上发生的种种变化，我们想向大家传达这样一个事实——日本已经落后了。本章将以"社会系统的变化"为主线，描述世界上发生的种种深刻的变化。虽然其中很多都是作者本人所居住的中国城市的事例，但绝不是日本媒体传达的那种表面文章，我将融入访问当地企业并与企业管理层讨论后获得的信息，向大家传达"所谓后数字时代，其实质是整个社会系统的升级"。

第 2 章提供一个值得我们学习的视角。关于本书书名("后数字时代")所涵盖的内容,我们在本章中做了详尽说明,可以说是最为重要的一章。我们正身处时代的重要转折点,必须要理解"后数字时代"这种世界观,在本章中我们介绍了"OMO"(Online Merges with Offline,线上融合线下)这个概念,这是"后数字时代"经济活动的一种思维方式。通过介绍采用了 OMO 的先进企业的"视角",我们会进一步提炼出以下问题——"日式思维方式到底会发生哪些偏差?"

第 3 章用新的视角重新审视现有概念与议题。如果我们用后数字时代这种世界观对现有生活重新进行审视,会发现以往那些觉得理所当然的概念或方法又有了新的解释。为了促进对概念的理解,我们准备了各种各样的主题供大家进行思维训练。

第 4 章日本企业的改革之法。第 1 章至第 3 章中介绍的先进事例不可能照搬到日本企业身上。国与国之间不尽相同,公司文化也大不一样。在这里,我们会从自身经验出发,为大家解说适合日本企业的数字化转型的推进方法。通过提供"必要的元件",我们会帮助企业的管理者与工作现场的人员找到自己需要做的事情。

全书整体上,我们一直贯穿着一个思想——不仅要为日本的现状敲响警钟,同时要思考日本的立足点在哪里,我们又应该拥有什么样的视野。为此,我们不但听取了众多日本经营者与有识之士的意见，还同许多中国活跃的商业领袖就"社会的深层次正在发生何种变化""当时抱有何种想法""怎么样看待新时代"等问题进行了深入探讨；在此基础上，我们的思想才得以成型。在此，我想特别感谢阿里巴巴 UX 大学①的前校长 Joshua 先生、致力于前沿科技研究与发展（R&D）的阿里达摩院——人机自然交互实验室的负责人 Paul 先生以及 2017 年前担任支付宝负责人的 Liang 先生，还有负责腾讯 UX 的 CDC 总经理 Enya 先生。通过与以上各位的探讨，我们收获了诸多灵感，可以说本书也是与他们共同创造出来的智慧结晶。另外，以上诸位都谦虚地表示"也想要向日本多多学习"，对此我们深表钦佩和感谢。

想要引领世界、改变世界的人们，想要在新时代开创和发展新经济的人们，我们希望本书能在您采取行动、进行思考的时候成为您的基石，对您有所帮助。另外，如果有读者在阅读本书之后，想要继续将本书作为"武器"使用，我们也将一如既往地为大家提供信息与建议，并开设供大家讨论的场所，不断优化本书的"体验设计"。我深切地期盼着善于学习和模仿的日本重新引领全球经济的那一天能早日到来。

作者代表　藤井保文
2019 年 1 月

---

① 原文如此。——编者注

目录

第 1 章

无知者将无法生存
——数字化世界的本质   1

1-1   当今的世界，日本的现状   // 3

1-2   移动支付让"几乎所有的消费行为都成为 ID 数据"   // 8

1-3   "生活场所与出行的数据化"——共享单车   // 10

1-4   行为数据建构的新社会信用评价体系   // 12

1-5   数字化中国的本质：数字改变了市民的行为，同时也改变了社会   // 15

1-6   大企业和传统企业的数字化转型优秀代表——中国平安保险集团   // 21

1-7   迈向新时代——推动用户体验与行为数据的循环发展   // 29

第 2 章

后数字时代的 OMO 商业模式
——转变我们的视角   33

2-1   前数字时代与后数字时代   // 35

2-2   OMO：区分现实世界与数字世界的时代已经终结   // 43

2-3 即将消失的电商 // 55

2-4 不断被颠覆的现有业态 // 63

2-5 日本企业容易犯的思考坏习惯 // 71

2-6 OMO 商业模式的未来：同行企业，紧密相连，理所当然 // 84

第 3 章

训练你的"后数字"思维　　　　　　　　　95

3-1 保护 vs 共享——围绕数据处理方式的各种讨论 // 97

3-2 "宝贵的客户触点"更具有价值的时代 // 105

3-3 技术进化带来的"服务 2.0" // 113

3-4 未来的制造业：高速化、细分化、无边界化 // 120

3-5 日本令人不可思议的特殊优势 // 124

第 4 章

瞄准后数字时代的日式经营变革　　　　　131

4-1 下一个时代的竞争原则与产业结构 // 133

4-2 企业必须进行自我革命 // 147

4-3 日本企业如何做出改变 // 161

4-4 在万物互联的世界中寻找我们的可能性 // 176

后记　　　　　　　　　　　　　　　　　179

>>> 第1章 <<<

无知者将无法生存
——数字化世界的本质

1-1 当今的世界，日本的现状

2025年之前，如果日本企业无法全面推进数字化转型（digital transformation，简称为DX），日本将由此产生高达12万亿日元的损失——这句话记载在2018年经济产业省发布的"DX报告"当中，此即为所谓的"2025年悬崖问题"，这为日本企业敲响了警钟。

近年来，如何实现数字化转型这个问题对所有企业都变得重要起来。随着IT技术的发展，所有领域的经济结构都在发生变化，"数字工业革命"因其巨大的影响力，继蒸汽机、电力、电脑的发明之后，也被称为"第四次工业革命"。经济学家、现代营销学之父菲利普·科特勒曾留下这样一句名言："无数字，毋宁死。"由此可见，现在的市场环境瞬息万变，企业想要适应当今市场的急剧变化，数字化转型势在必行。

然而，到底什么才是数字化转型，具体又应该怎么做，其实现在很少有人能够真正明白。放眼日本，我们可以发现数字化的浪潮仍未真正到来。然而综观全世界，我们可以看到数字化的发展日新月异，因此我们认为日本应该向全世界学习。

我们先来看看几个国家的例子吧。

爱沙尼亚的电子公民计划与瑞典的微芯片支付项目

爱沙尼亚政府的数字化脚步，走在了世界的最前列。他们还面向外国人发放电子身份证"e-Residency"，让外国人也可以轻松地成为爱沙尼亚的"电子公民"。这种电子身份证与日本的户籍虽然不尽相同，但由于爱沙尼亚绝大部分的工商政务服务都已经实现数字化，只要拥有电子身份证，就可以简化在爱沙尼亚国内进行创业的手续，或是获得可以永久使用的签证。

曾经有个日本商人到爱沙尼亚考察，据说看到了把琉都凯斗[①]在网上公开的个人信息。把琉都凯斗的个人信息多种多样，据说他名下的不动产等所有资产、全部的纳税额、登记的土地、驾驶证等种种个人信息全部被公开在网上，而与此同时，系统也会让把琉都凯斗本人知道从日本来的人曾经查看了他的信息。

爱沙尼亚的这套系统基于这样一种设想：如果将本国公民的数据进行公开，万一发生抢劫事件，马上可以筛查出此刻手头钱款突然增加的人，这样一来可以抑制犯罪的发生。在爱沙尼亚，虽然基本公开了所有的个人信息，但也有例外。例如，与生命和结婚有关的人生大事件光在网上公开还不能算完结，人们还得去政府机关领取证书。

---

① 原名 Kaido Höövelson，在爱沙尼亚出生的前大相扑力士，曾活跃于日本相扑界，现为爱沙尼亚政治家。——译者注

接下来再让我们来看看瑞典。现在日本好不容易开始讨论无现金支付的问题了，然而在瑞典，无现金支付早就成为理所当然的支付方式，连二维码都渐渐成为过去时。据说在瑞典，现在开始流行将微芯片植入人体，通过这些微芯片来进行电子支付。人们在乘车时，或者在检票口，只要挥挥嵌入了芯片的手背，就能方便地乘坐火车及公共汽车。微芯片中不但记录了移动数据，甚至还记载了使用者的个人信息。无论是餐厅也好，还是商店也好，只要挥挥手就能结账，科幻电影中的场景正在逐渐变成我们的现实生活。

再来看看我们的邻居中国。有调查称，中国现在的上网人口超过8亿，其中97%都拥有智能手机，而在城市地区，98%的智能手机持有人都会用手机进行支付。由此可见，中国正在快速地成为无现金社会。我（藤井保文）本人就生活在中国的城市，平时不带现金和钱包出门生活完全没有问题，不过充电宝可需要带好。中国社会不仅仅是简单地变成了无现金社会，从出租车的预约，到外卖及药品的派送，在中国全部可以通过APP完成从下单到支付一站式操作。现在中国的无现金支付系统非常完善，已经成为整个社会的基础设施。

接下来，我们谈谈日本吧。本书写于2018年末，此时很多公司都推出了各自独立的支付服务，山头林立，导致无现金支付在日本难以普及。韩国和美国此时的无现金支付已经达到了所有支付行为的四成，而日本却只占两成左右，以现金方式进行支付还是日本社会的主流。究其原因，由于每个公司推出的支付服务、支付终端、支付手段各不相同，造成顾客与商店难以抉择，买卖双方都看不到什么实际的好处，也就很难有动力去使用无现金的方式进行支付。

从某种意义上来说，可能这也是日本文化造成的。在日本，服务方式都在"点"上完结，很难形成横向的"线"的连接，单个服务的便利性因此无法推广应用。当然，最近也有越来越多的人说"我所有的支付用 Suica[①] 就行了"。不过与其他国家相比，日本社会的无现金支付方式的普及程度完全不可同日而语。

实现了全面进化的中国 IT 业

近年来，中国作为"IT 业发达国家"备受瞩目。近 14 亿人口催生出的大数据、优秀的 IT 人才，再加上政府在背后的强力支持，新的基建服务在中国迅速诞生。中国诞生的新技术与商业模式，很可能成为未来世界 IT 创新的指路标。预感到这一点，近年来到中国考察的日本企业逐年增加。我本人长期在中国从事商业活动，也针对日企组织了很多中国考察团和研修班。但是我认为，想要从根本上理解被称为"第四次产业革命"的数字转型，单靠一次考察旅行活动是很难实现的。

比如说，有的朋友参加考察团后这样评论，"中国的劳动力

[①] Suica，中文俗称西瓜卡，是一种可充值储值、非接触式的 IC 卡形式的乘车票证。该卡在东日本地区广泛使用，不但用来乘车，同时能够在便利店或部分商店用来购买商品。——译者注

价格便宜才可以做这些事"。我也不怕引起什么误会,坦率地说,如果这是考察后得出的结论,那我只能认为"这是一场失败的考察"。

中国 IT 技术的飞速发展,确实离不开政府的参与。然而,在美国、瑞典、爱沙尼亚、印度正在发生与中国一样的数字转型。日本迟早也会被卷入这股世界洪流之中。

这场世界巨变中最重要的事情,就是"在未来世界线下将不复存在"。迄今为止还不能获取的消费者的行为数据,到时都将会转化成线上数据与个人的 ID 紧密相连。例如,我想在便利店买一罐啤酒。在此之前,企业一方能够掌握每个店铺的每种啤酒品牌销售了多少的数据,但是对于购买者的年龄、性别、具体购买的品牌却不甚了解。然而在以后的时代,随着无现金支付的普及,消费者的个人信息与其消费记录相连,我们每个人有着何种爱好,经常在哪个店消费,使用何种支付方式,这些信息全部都会可视化。

如果我们在乘坐电车或出租车时使用了移动支付方式,个人的移动起始点和路线等记录就会变成数据而累积。如果 IoT 传感器布满了大街小巷,同时连入网络,那么就会产生庞大的消费者行为数据。我们面对"数据在不断产生"的这一状况,最为重要的一点,不是思考如何利用这些数据创造服务,而是要认识到整个社会的根基都在被重新构建,未来的商业模式和商业规则都会发生根本性变化。也就是说,会发生**"数字化带来的社会系统的升级"**。如果只是观察单个的事例,是无法体会到这点的。

为了迎接这样的时代的到来，我们到底需要做些什么呢？为了找到这个问题的答案，我想以"数字化带来的社会系统的升级"为例，带领大家去看一看数字化发达国家——中国的现状。手机支付让"几乎所有的消费行为都成为 ID 数据"。

1-2 移动支付让"几乎所有的消费行为都成为 ID 数据"

"移动支付"极大地改变了中国社会。其中最主要的要数阿里巴巴集团的支付宝（Alipay）与腾讯的微信支付（Wechat Pay）。

"支付宝"是以淘宝为首的电子商务网站，从 2004 年开始使用第三方支付服务（商品交易时，为确保交易的安全，双方通过有信誉保障的第三方机构完成交易的一种第三方托管），其后迅猛发展，在中国移动互联网支付市场份额占到 54%（2017 年第 1 季度，由蚂蚁金服发布），成为目前世界上最大的第三方支付方式。

而"微信支付"则是一个社交 APP 中的支付功能。微信的月活跃用户数（使用总人数）在 2018 年 3 月时已经达到 10 亿人，微信支付不但用于在线下的小商店购买产品，个人与个人之间转账的时候大家也喜欢使用微信支付。现在的中国，无论是购物、出租车或公共交通费的支付，还是自动贩卖机的支付，或是 AA 制时等个人之间的转账来往，这两个 APP 都几乎可以完全覆盖。

要想明白无现金支付方式在中国有多么普及，我（藤井）可以谈谈自己在中国的亲身经历。前些天，我想给交通卡充值，我拿着现金到地铁站，却发现找不到可以用现金充值的自助充值机。还有一次，当我在咖啡店掏出现金买咖啡时，店员说道："非常抱歉，我们没有零钱，请稍等。"赶紧跑去隔壁店铺借了零钱回来找给我。由此可见，中国基本上已经不太使用现金。不仅仅在城市，无现金支付方式在整个中国都正在普及。前段日子，有位朋友去西藏回来，感叹道"在西藏也可以移动支付了"。更有甚者，我们在新闻中看到流浪汉竟也有收钱的二维码，寺庙的香火钱也不再需要功德箱，贴一个二维码就足够了。

我的公司里有位热爱咖啡的员工，买了台雀巢咖啡机放在公司。想喝咖啡的人根据自己要喝的量，通过电子转账支付 3～5 元的咖啡钱。原来是在咖啡机旁放着一个装零钱的盒子，员工们自己扔钱进去买咖啡。后来贴上了支付宝的条形码，大家可以直接扫码付账。

再后来有一天，我突然发现那个条形码变成了印着阿里巴巴标记的官方二维码，我仔细一问那位员工才得知原委。因为他每天收到好几笔"咖啡钱"名义的付款，阿里巴巴那边把他当作"可能是做小型咖啡生意的人",自己就把印有阿里巴巴标记的官方二维码送上门来。由此我们可以发现,中国的无现金支付已经普及到了这样的程度。

"无现金支付在中国的普及程度"这个事实足以让我们瞠目结舌,更重要的是我们应该关注其结果——"**随着时间的推移,消费者的所有消费行为数据都能被获取**"这一点。在理解后数字时代的本质之后,我们知道,这些消费数据会成为"某人在某处购买了某物"的触点信息。而从我公司里那台咖啡机的例子可以发现,连"某人在从事小型生意"这样的信息也将完全可视化。不过,**想要从根本上理解后数字时代,光是看到"线下的消费数据会全部数字化"这一点还远远不够,这仅仅是后数字时代的冰山一角而已。**

1-3 "生活场所与出行的数据化"——共享单车

2016 年到 2018 年,共享单车在中国成为热门话题,从中我们可以看到"真实移动数据的网络化"。

2017 年下半年中国开始出现大批共享单车的运营公司,最多时竟达到数十家;而到了 2018 年初,ofo 与摩拜(Mobike)

两家公司占据了市场主流，而其他的竞争者均被淘汰出局。这两家公司之所以能够成功地留在市场上，在于它们能不断改善服务、打磨服务（也被称为打磨服务竞争），为了让用户能使用自家产品付出了不懈努力。那些倒闭的共享单车服务商，很多推出了自行车与 APP 后就放任不管。而 ofo 与摩拜的 APP 上不光有用户界面，还在短期内改善了重新分配自行车数量的系统和用户骑行体验等。只要用户使用产品，公司就会有租赁费入账。而公司又将收入用于投资，进一步打磨服务，增投新型的自行车，并开展了许多优惠活动。

2018 年末，市场风云突变。上海市场上摩拜与阿里系新投放的"哈啰单车"两家独大，包括 ofo 在内的原有竞争者被扫荡出局。还出现了各种各样的社会问题，例如倒闭了的公司没有对共享单车进行回收清理，或未退回用户押金等，引起了社会的关注。

虽然共享单车服务很难获得稳定的收益，也会引起上述种种社会问题，但笔者认为它不会消失。不仅是因为对于用户来说它已成为一种必不可少的交通工具，更重要的是"**从前无法在线化的那些出行数据现在也可以有效利用起来**"。

出行数据大致可以利用在两个方面。**首先是可以用于地方政府的交通数据**。尤其是现在阿里巴巴集团也在全力打造智慧城市，将哈啰单车投放到城市当中后，交通量能变得可视化，同时还可以加以控制。**其次，出行数据可用于市场营销**。例如，我周一到周五每天早上 8 点左右骑摩拜单车从家里去公司，而我的朋友又会在周末骑摩拜出游。前者的数据，比方说就可以用来优化餐厅或商场的推荐（推荐通勤区域附近的商店等），而通过后者的数据，可以得知该用户的运动习惯，也就是能够知道该用户的生活方式。

现在，摩拜已经被"美团"收购。美团对摩拜的这桩收购，我们可以这样解读：美团真正想要的其实是摩拜单车收集的数据。

最后说点题外话，中国线上服务发展迅速，已经到了要收购摩拜单车以获取线下数据的阶段，其背后的原因其实是获取线上用户的成本已经过高，直接获取线下用户的数据反而更高效廉价。也就是说，如果提供能充分利用线下店铺或出行的服务，更容易收集数据。

1-4 行为数据建构的新社会信用评价体系

随着移动支付工具的渗透和共享单车等附加了数字技术的新型服务的普及，用户的行为数据累积得越来越多，新生事物随之而生。这就是活用"信用经济""评价经济"。最近日本的雅虎、NTT DoCoMo 电信公司、LINE 都在以自己公司拥有的大数据为基础，各自开发新的服务。而中国已走在了前面，这些新型服务为中国社会系统带来了变化。

其中最著名的例子，莫过于金融公司"蚂蚁金服"推出的"芝麻信用"。"蚂蚁金服"是阿里巴巴集团旗下提供"支付宝"服务的公司①。"芝麻信用"并不是一种独立服务，而是支付宝的功能之一。由于支付宝已在中国广泛使用，从名牌商店到商业街的个体商铺、路边摊、出租车、电影院、水费、电费、通信费，甚至连缴税也都可以用支付宝的APP支付，而支付宝也会收集这些支付信息。

另外，由于阿里巴巴本身是电商，除了线下数据，它还保有最多的线上消费数据。蚂蚁金服利用这些数据，具体来说就是以支付宝的使用记录为中心，再将关联服务的使用情况以及支付宝好友情况等各种庞大的信息汇聚到一起，通过AI（人工智能）解析数据计算出"信用分"。

被称为"芝麻分"的个人信用分实际上是将个人基本的"支付能力"进行可视化。该信用评价体系包括"身份特征""履约能力""信用历史""人脉关系""行为偏好"五大部分，分值区域在350～950分之间。分数越精确，越受用户信赖。据支付宝官方网站称，使用芝麻信用这项功能的用户达到5.2亿人。

用户还可以添加自己的毕业院校和职业等附加信息来提高自己的芝麻分，所以芝麻信用也能展示用户的社会信用度。为什么有很多用户愿意认真提供自己的个人信息呢？这是因为用户在使用阿里巴巴集团以及其关联企业、团体提供的服务时，根据"芝

---

① 蚂蚁金服与阿里巴巴集团结构上并无隶属关系，是存在业务关系的关联公司。——编者注

麻分"的不同能够享受不同的优惠。例如,房屋租借的押金,酒店或使用租借服务时的押金,海外旅行时 Wi-Fi 租借的押金都可以免除;或者在街上可享受借雨伞或免费借充电器等优惠服务。

另外,芝麻信用越好,申请海外签证时签发时间也会缩短,租房会变得更容易,个人融资也更方便,甚至在相亲的时候也会更受欢迎……随着个人信用评分的普及,又产生出更多的商机。2018 年 10 月,蚂蚁金服推出了以芝麻分 650 分以上的用户为对象的互助保险"相互宝①"。一方面,该保险因为只针对有一定信用的人群,让人觉得比较放心;另一方面,一键参保的形式又十分便捷,因此仅仅两周就吸引了 2000 万的参保者加入。

信用分可减少企业风险与人工成本

企业一方可将信用分作为授信调查的一环加以灵活使用。例如在招聘面试或不动产租赁的信用审查环节,或是相亲匹配指数等场合,企业在支付服务费用后可查看用户的信用分,并据此做出判断。这样一来,企业在交易前就能预先避开可能存在问题的人,削减交易成本与信用调查的人工成本。其实,对用户进行信用调查时需要对各种资料进行确认,这项工作对企业来说本身就是多余的成本。如果能从各个角度收集数据对用户进行信用评分,就能减少很多多余的手续,无论对用户个人还是对企业来说都有益处。

① "相互宝"并非保险产品,而是一种大病互助计划。作者使用的"保险""参保"等词语并不准确。——编者注

我再举一个很小的例子。前几天，我不小心把相机落在了咖啡店里，结果店员与坐在附近的顾客马上追上来把相机还给了我。我连声道谢，结果对方说"不客气。不过您出门的时候门没关就走了，下次麻烦注意一下"，令我非常不好意思。中国社会正在快速地转变为服务型社会。五年或十年前来过中国的日本人重访中国时，这种变化都令他们大为吃惊。

1-5 数字化中国的本质：数字改变了市民的行为，同时也改变了社会

"中国正转变为服务型社会"，这种转变并不是只靠信用分数就能带来的。基于用户行为数据的信用评价系统运用于各种服务后，整个社会大环境都鼓励用户采取良好的行为，由此才产生了这种转变。其中最好的例子，要数打车软件"滴滴"（Didi）。滴滴是类似于优步（Uber）的一个网约车服务软件。从用户的角度来说，我认为它的用户体验要远远好于优步。

滴滴提供的服务，分为普通的街上跑的出租车、快车、专车、豪华专车四种服务，越往后服务的等级越高。街上跑的出租车与快车，和普通个人运营的出租车大同小异，但是专车服务的司机会穿西装，而且驾驶技术更好，乘客座位边上还放有

矿泉水。如果是等级最高的豪华专车服务，车型变成奔驰、宝马或奥迪，乘客座位边上会放置点心与饮用水，乘客在车上还可以放自己喜欢的音乐。

当然，同快车服务相比，豪华专车的价格也不一般，是快车同等距离的9～10倍。

不过从用户角度来说这些分类服务非常方便，适用于不同场合，比如，要带着几个下属去吃饭的时候选择快车；出差去机场时路途遥远又需要饮料，那就选择专车；而如果要接待客户则选择豪华专车。

评价技术与从业人员素质的提高

从用户角度来看，滴滴的服务还有许多值得称道的地方。滴滴之所以有这么多优良的服务，我认为最关键的是由于采用了司机评分系统。

为了方便比较，我先来对优步的评分系统进行一下说明。优步上司机与乘客是双向评分。乘客对司机的驾驶礼仪、待客态度与自己的乘坐体验进行评分，而司机则对乘客的综合素质打印象分。使用这套评分系统很可能出现这样一种局面，司机对乘客行贿说："我给你五块钱，你给我五星好评。"得到好评司机就可以无所顾忌。结果，乘客明明付高价乘坐高级别的出租车，却可能遭遇司机危险驾驶而心有余悸，或是被司机粗暴对待。这样一来,久而久之就没人愿意坐高级出租车了。

滴滴的评分系统与优步不一样。为了让乘客有更舒适的出行体验,滴滴采用的评分系统无法作弊。首先,四类分级已经决定了司机的收入。从街上跑的出租车一级开始,等级越高,收入也就越高。司机在评分系统中的分数提高后,会获得上一等级的考试资格,所以大家都会努力提高自己的等级。

不仅如此,**滴滴特别优秀的地方在于它能用数据测量用户满意度**。滴滴主要从以下三方面收集数据。

首先是"订单的响应时间"。也就是监测用户通过滴滴的APP打车时,是否立刻得到了响应。为了不让司机"轻易抢了订单后又随意取消",订单取消率也会作为数据记录下来。

其次是"接单后用户的等待时间"。有司机通过滴滴接单后,用户会收到一个通知:"预计×分钟后到达。"滴滴会通过数据来监测司机是否按时到达,防止司机接单后随意绕路不按时到达指定地点。

最后也是最重要的一点,滴滴通过监测GPS与陀螺仪传感器(加速度感应器)的数据,确认司机是否在安全驾驶。司机的滴滴界面上显示了离目的地的最近距离与所需时间,如果都想着"在规定时间内到达目的地就好"的话,很可能采取危险的驾驶方式。现实生活当中,很多赶时间的出租车都会连续变更两条车道。这样不但增加了发生事故的风险,也会让用户觉得心惊胆战。而滴滴会要求司机一直开着滴滴的司机专用程序，以此获得 GPS 与陀螺仪传感器的数据，也能监测司机超速、紧急刹车、突然起步等驾驶行为的频率。

说到给出租车打分，很多人首先想到的都是车内是否整洁、待客态度是否良好等方面，然而这些并非能真正左右乘客的满意度，最能提高乘客满意度的其实是**"迅速安全地到达目的地"这一条**。滴滴监测与这一条直接相关的重点数据，并将其反映到评分系统上。由此一来，司机明白采取何种行动才能提高自己的分数，平日就会努力规范自己的行为，以此提高自己在滴滴系统内的评分。

过去，很少有乘客会反复乘坐同一辆出租车，司机也都不太关注"乘客服务"这件事，而评分系统导入之后发生了明显改变。等级越高的司机信用评级也高，甚至还可以据此获得个人融资。这套系统将司机的收入激励与用户出行的良好体验进行了精准匹配，无论对用户、对司机来说，还是对滴滴、对社会来说，都带来了好处。

激励机制的广泛运用

如前文的滴滴，我们可以看到激励机制正被广泛运用到世界各个领域。例如，餐食配送服务应用优食（Uber Eats）针对配送员也制定了一套激励机制。而正是有了这样的系统，原来从事体力劳动的人们会逐渐流向滴滴或外卖等行业。从从业人员的角度看来，如果明确了努力的方向，也明确了晋升需要在哪个方面进行努力，那自身的工作积极性就会提高。引入能灵活使用数据的工作评价系统之后，从业人员发生了变化；而这类系统在社会上的广泛运用还改变了社会本身，公民的整体素质也随之提高。这——就是中国的现状。

美国据说有 25% 的手机用户都使用过优步，而在中国，据说使用过滴滴服务的人占到手机用户总数的 40%。

以上我们介绍了打车软件带来的积极影响，不过与此同时也发生了一些打车乘客遇害案件，或由于恶意差评引发了一系列事件。在时代发生巨变时，并非所有人都会随之改变。我希望大家能正确认识到这一点。

日本"信用评分"的路会怎么走

现在日本也有很多企业正致力于开发信用评分系统，但是如果仅仅被其商业优点迷惑，直接照搬别人的经验，忘记日本的现状与中国的现状大不相同，就很可能吃大亏。

两国现状哪里不同？首先是数据量的差距。阿里巴巴之所以在信用评分上获得成功，而腾讯无法追赶，原因之一是阿里巴巴拥有覆盖线上线下的庞大消费数据。由于在日本很难获得这么多的数据，可信度不高，充其量能尝试像美国的信用分数（credit score）一类的做法。随着以后移动支付的普及，日本的情况可能会有所改变，不过是否能达到中国一样的普及程度，作为一项基础设施服务发挥作用，笔者抱怀疑态度。

另外，虽然日本也在讨论信用分数的种种方案，但我发现往往讨论出的不是一个适合的系统，例如要给分数低的人予以惩罚等。大家可以扪心自问，如果你是用户，会想要使用带有惩罚的服务吗？中国的服务并不是要对低分数人群施加惩罚。中国的先进企业一直有一种紧迫感，"如果无法让用户喜欢上自己的服务，不经常使用自己的服务的话，我们的企业就会倒闭"，所以只要不是发生了触犯法律的极端行为，一般不会降低用户的评分。中国企业的基本做法是做加法，"只要行为良好，就会获得优惠"。

"那么这样做对商业活动的好处又在哪里呢？"对于这个问题，我们可以发现中国过去难以管理的那些面向个人的融资服务，现在通过精确的授信管理都能有效展开。正因为预计到了这一点，阿里巴巴成立了蚂蚁金服这家金融公司。另外，通过刺激用户提高自身分数的意愿，鼓励用户自愿输入身份特征等公司很难获得的高质量数据，不光是金融服务，这些数据还可以用在营销活动等很多方面。在这个意义上，对金融服务与电商都是弱项的腾讯来说，收集这些信息并没有太多的使用价值，所以到现在为止腾讯并未认真出手抢占市场份额。

滴滴构筑的评分系统这类服务，我认为能带给我们很多启示。用户一方与提供服务一方的激励机制不同，我们要看清双方需求，灵活使用数据构建严密的评分系统才能实现买卖双方与社会的"三赢"。我们日本企业应该大力学习这样的系统。我在与中国很多年轻的企业家探讨有关系统的想法时，对方总是会问："**这对买方和卖方都有什么好处呢？**"也正是因为他们的现实主义，才会仔细设计激励机制，努力创造双赢（Win-Win）的局面。我强烈地感觉到，其实日本企业要做的并不是简单地进行模仿，而是应该学习他们的态度，学会从用户的生活角度进行思考，学会从如何升级社会系统的角度进行思考。

1-6 大企业和传统企业的数字化转型优秀代表——中国平安保险集团

到目前为止，我们介绍的大都是 IT 企业或初创企业的例子。现在阿里巴巴公司已成立 18 年，当初也是数字初创型企业起家。进入后数字时代之后，像阿里巴巴这样的企业大面积抬头虽然是无可辩驳的事实，然而同样也有传统企业成功的例子。接下来我会为大家介绍一家叫作中国平安保险集团的保险公司的例子。

中国平安保险（集团）股份有限公司（以下简称平安保险），是 1988 年成立于中国深圳的一家保险公司，也是一家所谓的传统型企业。而该公司从保险事业逐步扩大到银行、投资，不但覆盖了全类金融服务，还进一步将业务拓展到医疗、移动、住房等生活服务领域。2017 年之后的一年之内平安保险股票总市值翻了一倍，达到 21.3 万亿日元（13845 亿元人民币），实现了令人惊叹的飞跃成长。至 2018 年末，股票总市值排行榜上，平安保险继阿里巴巴与腾讯之后位列民营企业的第三位。在这个 IT 企业掌握霸权的时代，为什么一家保险公司会飞速发展？简单来说，其秘诀就是"重视'用户体验 × 行为数据'，长期以来全面贯彻以用户为导向的方针开展经营活动"。接下来我们具体进行分析。

超越保险业务弱点的数字服务

原来保险公司的业务，在后数字时代的世界有着极大的弱点。当线下消失以后，未来的商业活动需要通过移动终端、传感器、IoT 等才能增加与用户的触点，从中采集的行为数据也会左右商业活动的结果。然而作为保险公司，其与客户的触点是比较少的。一旦顾客购买了保险服务之后，只要不受伤住院就不会与保险公司有接触，而且如果保险合同是自动更新的话，客户与企业根本就没什么接触机会。

平安保险把这个弱点当作企业面临的危机，2013 年开始突破以往以金融事业为核心的框架，发展新战略，将事业推进到使用数字服务的生活领域，将服务范围拓宽到医疗、出行、住房、娱乐等生活领域,意在获取更多的客户触点(见图 1-1)。

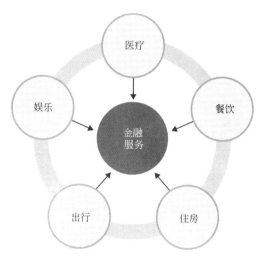

- 医疗:"平安好医生"
- 出行:"平安好车主"
- 娱乐:"积分网站平安万里通"
- 住房:"平安好房"
- 金融:"陆金所(Lufax)"等

图 1-1 平安保险的业务范围

平安保险通过积极进行企业收购,开展了多种服务。例如,医疗健康咨询管理应用"平安好医生"、汽车媒体"汽车之家"、车主应用"平安好车主"、兼有电子支付功能与电商功能的"壹钱包"、兼有车贷功能的搜房应用"平安好房",等等。

其中最成功的要数"平安好医生"这个医疗类应用。2018年1月注册用户已经高达1.9亿人,恐怕现在已经超过了2亿人。想要知道为什么它能获得这么多用户,首先我们必须对在此之前的中国医疗情况进行一下说明。

例如上海有很多私人诊所，医疗服务品质参差不齐。所以大部分人都会跑到受人欢迎的综合医院看病。结果大医院常常人满为患，甚至发生"从排号到看病需要等待七天"的事情。

这样一来，就出现了很多"黄牛党"一次性拿下很多号来倒卖。我在新闻上还看到过一张号卖到7万日元（4500元人民币）的报道。然而，患者好不容易排上号去看病，结果一次诊疗也就几分钟结束，这种事情并不少见。

由于对医生整体的评价不高，真正的好医生得不到市民信赖，没人看病白白浪费了时间，结果造成"患者没有得到有效分配"。

解决医院预约挂号的痛点

为了解决以上问题，平安保险开发了"平安好医生"APP，主要包括三大板块的功能。

首先，与医生团队合作，开发了在线免费问诊的功能。例如用户通过"平安好医生"的APP在线提问"孩子现在很不舒服，我该怎么办？"，并填好相关症状表现，两分钟内会有医生予以解答。根据症状的不同，医生可能会建议"赶紧去医院"，也可能建议"静养即可"。在我看来已经非常方便了，然而这还没完，如果说到了必须去医院的时候，"平安好医生"的第二个功能就可以登场了。

第二个则是预约医院挂号的功能。通过应用可在线选择医院和医生,在线完成挂号预约。例如,在 APP 上输入"上海、整形外科、平安推荐"等关键词后,以用户住所和现在所处位置为起点,在"800m,1.1km,2.3km"的搜索范围内,会根据距离远近出现医院的列表。很多日本人以为"选完医院就完事了",然而这个应用在选择医院之后,还会出现医生列表。因为中国人认为,"比起医院来说,医生的选择更加重要"。

点击医生列表,可以看到每个医生的毕业院校、论文履历、个人荣誉等简介。用户可以自己来判断某个医生是否值得信赖。另外,医生评分和用户反馈也可以在"平安好医生"上看得清清楚楚,用户在查看相关数据之后选择想要问诊的医生,打开预约栏,查看医生的排班信息后就可以完成预约。

与之前医院门口"黄牛党"横行的状况相比,这套系统可以说是革命性的创新。患者可以马上找到值得信赖的医生与医院,而私人诊所的医生只要能逐渐获得大家的信赖,喜欢挤到综合医院的患者们便会重新分散到街头巷尾的一般诊所。对患者和私人诊所的医生来说,这是一种双赢。所以据我从平安保险得到的消息,截至 2018 年夏天医生团队已经达到 4 万人,而注册医院也达到了 3200 家。

第三个功能就是"用户走路赚积分系统"。简单来说就是一个 APP 计步器功能,用户走路赚取的积分,在 APP 里购买健康食品、美容用品或者医药用品时可以当钱使用。听起来这没有什么特别，很多应用都会有这个功能。然而"平安好医生"特别优秀的地方在于**它的系统设置——用户必须在当天结束前打开一次应用，点击"领取健康金"，否则第二天步数会清零。**这样一来，用户会养成习惯，至少每天都会打开一次"平安好医生"。

最强大的营销工具——行为数据

我把平安保险的故事讲给日本企业界的人听后，大家都会说："真是了不起！不过这款应用通过什么方式赢利呢？"怎么赢利这个问题，我认为大致在两点上"平安好医生"可以为集团事业做出贡献。

首先，通过该应用平安保险与约2亿的用户有了客户触点。用户每天会打开应用一次，届时企业可以播放自己想呈现的画面或视频，推荐公司产品与服务，这样就可以节省在交通广告或电视广告上投放的巨额广告费。以往要打造企业品牌形象，最常用的市场营销投资方式是推出商品广告，而进入使用行为数据的新时代后，需要创造尽可能多的客户触点，因此可以预见未来**"通过优良的用户体验为客户提供价值，吸引用户形成用户聚集高地"，将成为新时代的广告投资方式。**所以数字型初创企业会忽视单一财政年度的营业额等数据，它们很多为获取用户的行为数据和获取大量的用户疯狂投钱抢占市场，把暂时的利益抛诸脑后。而"平安好医生"这款应用为用户的日常生活提供了服务,自然而然平安保险也会在用户心中形成良好的品牌形象。

其次,这样的应用同时也是企业的"营销工具"。例如平安保险的业务员向客户推销保险时,有时会发现客户暂时不会购买保险,此时可以停止推销,只让客户免费下载软件使用。保险业务员可以说:"这是我们公司的医疗服务 APP,可以查找医生和预约医院挂号,在市面上广受好评,您可以用用看。我来教您怎么注册。"然后帮助客户完成注册。

用户实际体验之后,会发现该应用解决了医疗服务方面的痛点(=所谓的"烦恼之源"),是一个非常好的东西。这样一来,对教会自己使用的保险业务员也产生了信赖感。

而只要用户使用了 APP,就会产生潜在客户的行为数据。用户开始使用程序数日之后,呼叫中心会联系保险业务员,告知以下内容:"你那里新注册的客户 A,注册后查了一些癌症相关信息,还通过在线免费问诊向医生咨询了 ×× 内容,并预约了下周去医院。你可以联系该客户,谈一下比如 ×× 方面的事情。"

这时保险业务员就会打电话给客户 A:"您最近怎么样啊,有没有去医院啊?"故意问一下已经知道的内容。当然客户 A 已经预约了去医院,保险业务员得到明确回答后,就会进一步提议:"对了,您家里好像有孩子吧?带孩子一起去医院太不方便了。我那天正好有空，可以帮您看下孩子。"

这样一来，客户 A 就会觉得保险业务员真是个大好人。而日后客户要买保险的时候，平安保险就会成为第一选择。因为大多数客户，根本分不清各种保险产品之间的细微差别，他们只会找自己熟悉的人购买保险。

"平安好医生"这款应用的开发，彻底贯彻了平安保险的公司战略——"不急于赢利，而是要重视陪伴客户的生活，让客户喜欢上平安保险"。通过该应用创造尽可能多的客户触点，再通过业务员获取客户的信任，这才能最大限度地发挥陪伴客户生活的效果。

如何在数字化时代中巧妙使用人力资源

平安保险不但股票总市值翻了一倍，业务员也在不断增加。总有人说数字化发展越快，AI 就会夺去越多人的工作。然而实际上随着商业活动重组，会诞生新的商业形式与工作机会。

平安保险的例子，其实为我们提供了一个如何在新时代活用人力资源的范本。平安保险为了让用户使用医疗服务平台，配置了许多在后台与客户进行沟通的人员。正因为业务员一个个与人沟通，才能耐心地教授潜在客户 APP 的使用方法，而平安保险才能从牢记了使用方法的客户身上获取详细的行为数据。**如果将数字化技术与行为数据结合使用，在最合适的时机采用**

最合适的方式进行沟通，那公司整体的营销工时就会减少，负担也会减轻，同时会变得更加高效。公司节省下来的时间可以用来与客户进行沟通以创造更多的信赖感，可以说，这套系统无论对用户而言还是对企业而言都大有裨益。创造双赢关系，是中国企业的一个特点。

1-7 迈向新时代——推动用户体验与行为数据的循环发展

对前文做一个简单总结，我想强调的是，一种新的商业模式已经诞生了。由于所有的消费者行为数据都能挖掘出价值，所以要以时间序列把握消费者的兴趣点，当发现消费者对某样产品或服务产生"现在就想要"的兴趣时，适时提供消费者所需的价值或满足消费者某项需求。不光是IT企业或初创企业，像平安保险这样的传统企业也开始提供这样的服务。

前文我们介绍的所有事例的共通点在于，用户体验与行为数据的循环成为商业竞争的基本原则。具体来说需要注意以下几点。

- 线下活动将全部变成线上数据，如何获取这些数据和挖掘数据价值成为关键。

- 每一个人只有累积了足够多的行为数据才能产生有效价值，因此要加强与用户的接触，尽量创造更多的客户触点。
- 要想收集足够多的行为数据，必须为用户创造"愉悦、便利、易用"等高品质的用户体验。
- 通过充分挖掘数据价值，能帮助公司在最合适的时机采用最合适的沟通方式与客户接触，进一步优化了用户体验。

很久之前，人们都开始宣称"消费已经从物品消费转向了故事消费"，而在后数字时代，**用"用户体验"或"价值旅程"这样的词语来形容更加恰当**。我并不是说"故事"不再重要了。很多日本企业在推出商品时，都描绘了一个个十分美好的品牌"故事"，而且实际的反响确实都挺不错。这笔宝贵的经验财富，我相信，在后数字时代也能继续发挥作用。

我在这里提到的"用户体验"与"价值旅程"指的是一种商业模式——企业长时间陪伴客户，参与客户的生活。以前如果要卖运动鞋，企业就会起用迈克尔·乔丹等大明星，在电视上大打广告，也不管谁看了谁没看，反正最后有人会聚到运动鞋商店里买东西，企业进行大量销售后事情就完了。过去，企业的重点是做出好东西，然后添加一些附加价值进行宣传，比如说设计酷炫、性能优良，或是穿上这双鞋会带给人好印象，等等。

但与此相对，数字时代的商业形式是陪伴型。运动鞋对用户来说是"健康生活"的一个部分。当然首先运动鞋自身必须是优良产品,在此基础上,这双鞋可以用 APP 测算跑步距离,或是可以用来参加马拉松,或是可以在网上进行客户定制。只有能不断提供后续价值的产品,才能算是陪伴型产品。我们可以把运动鞋这件商品,看作是客户在价值旅程中经历的"各种各样的客户触点之一"。

如今这个时代,线上正在不断侵蚀并吞噬线下,用户的所有行为数据都能够获取。如果充分挖掘这些数据的价值,就能构建出提高用户体验的商业模式。进一步说,只有在早期构建出这类商业模式的企业才能在未来胜出。平安保险的飞速发展正是得益于它们的新商业模式。

接下来的一章,我将以之前的例子为基础,讨论"如何转变我们的视角"。

第 2 章

后数字时代的 OMO 商业模式
——转变我们的视角

2-1 前数字时代与后数字时代

接下来我将就"后数字时代"进行具体展开,为大家阐述一下什么是后数字时代的世界观。以往对于现实世界与电子世界,我们往往认为"线下的现实世界才是中心,数字领域的发展仅仅是一种附加价值"。对于这样的思考方式,我将其称为"前数字时代"的思考方式。

然而,如果移动终端、IoT、传感器等遍布了世界各处,那现实世界中"线下世界"将不复存在,世界重组后"电子世界将覆盖整个现实世界"。我们称这样的新世界为"后数字时代"(见图 2-1)。

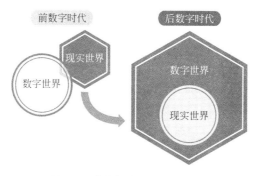

图 2-1 前数字时代与后数字时代

社会进入后数字时代后，人们会变成与网络一直相连的状态，现实世界当中人们所有的行为都将变成行为数据储存下来。这一点我们从第一章应该已经了解了。从企业一方来看，企业与用户之间的客户触点范围急剧扩大，而现实世界中的接触反而成了"与客户私下沟通的宝贵的客户触点"。按商务人士的思考方式来说，就会发生以下转变。

【前数字时代】现实世界（店铺或人）当中一直会碰到的客户，偶尔来到数字世界。

【后数字时代】数字世界中与客户有无数接触点，客户偶尔才会造访使用了数字技术的现实世界（店铺或人）。

要推进数字化转型，最关键的是要推进思想观念的转变。对一直沉浸在前数字时代当中的人来说，要换成后数字时代的思考方式是非常困难的。虽然大家一直说"数字工具"，然而以后，现实世界反而会成为一种"工具"。

因此，"数字化"的本质，并不是把数字技术或线上技术当作"附加价值"进行使用，**我们要转换思想观念，认识到"新世界中线上线下的主次地位会出现反转"**。纯粹的线下世界将不复存在，数字环境会成为我们社会运营的基础，我们必须在此前提下思考未来公司的发展战略。

"数字化转型"不是指企业，而是指整个社会的基础设施与经营活动的根基都将向数字世界转变。如果社会基础都发生了变化，那我们的思考角度也必须随之改变。而当今日本给我的感觉是，一边紧抓着前数字时代的世界观与思考方式不放，一边又大喊必须要数字化转型。

现实生活向在线生活转移的时代

从某种程度上来说，后数字时代其实就是"住在线上"。这一现象我们好几年前就能从日本年轻人身上看到了。例如，有些年轻人在学校没有朋友，在网上却有不少朋友，他们同样喜欢音乐或动漫，在网上的联系非常频繁。**比起现实世界来，数码世界的朋友之间匹配度更高，交流的门槛也更高；对这些年轻人来说，与网上的朋友反而可以建立起更加"真实"的人际关系。**当然，学校里面可能也有同学跟他们有着同样的兴趣爱好，不过在日常生活中，很难有交流的机会或合适的场所。

我曾经听过这样一个故事。有位父亲很担心自己的孩子，都已经是大学生了却总是窝在家里，也不出门交际，因此父亲让自己的朋友带孩子出去喝酒见见世面。结果这个大学生一到酒馆就打开手机，开始用 TwitCasting（日本 Moi 株式会社运营的一家网络直播平台）进行现场直播。这个孩子在现实生活中虽然没有什么朋友，可在网络上却有不少。很多朋友虽然连面也没见过，不过由于他在网络上才能表达自己的真实感受，所以与这些朋友之间反而建立了一种"真实"的朋友关系。也就是说，"网络上的这些朋友们虽然无法在现实生活中直接交谈，但由于大家可以在推特（Twitter）上畅所欲言，因此他们聚集到了一起。正因为如此，当现实世界中发生了什么特别的事情的时候，他们就会通过 TwitCasting 进行现场直播，通知线上的朋友们——'我正在做一件很特别的事哦'，互相进行交流。他们虽相距遥远，但可以通过互相分享自己的精彩瞬间进行热烈的交流，结成了真正的朋友关系"。这样的例子越来越多，在当今社会已经不算特殊了。

在日本企业，沟通方式以"面对面"为上，"电话"次之，最后才是邮件。而对于这样的日本企业文化，当今的年轻人越来越不能理解。把"工作中禁用 Skype 或 LINE"看作是有礼貌的行为，是过去思考方式的产物。

然而对于已经住在数字世界的人来说，**现实世界的沟通手段属于数字世界交流工具的一种，而且用 Skype 能直接进行面对面的沟通，比起邮件来说方便得多**，可上司只会劈头盖脸地说"不行！"，对此年轻人怎么也无法理解。数字技术造福了世界，让时间与空间的限制得以消失，然而有的客户发了邮件之后还专程打电话来确认说："刚才我发了一封邮件给您。"这种画蛇添足的做法常常令很多新入职的年轻人目瞪口呆。

可能很多人会说："这种做法是脱离现实！"然而对于用后数字时代的逻辑来思考的人来说，被数字世界覆盖的世界才是真正的"现实"。其实我们很多老一辈的人也会有类似的经历。有的人平时只有生意上的来往，结果在脸书（Facebook）上加了朋友后，却意外地发现对方诙谐幽默，与自己也有很多共同爱好，脸书上得知的信息又成了以后大家见面时的话题。这样的世界进一步扩张，未来现实世界与数字世界的主次地位会出现反转，或者说将互相融合直到再也没有区别。

人与场所的价值——现实世界财富的价值所在

众所周知，日本在"待客之道"与"匠心制造"方面极具优势。难道说在后数字时代，这笔现实世界的财富就毫无作用了吗？笔者认为并非如此。现实世界的沟通渠道反而可以成为"与客户私下沟通的宝贵的客户触点"，**企业需要提供更高的客户体验价值与情感价值**，关键是应该好好让其发挥作用。

正如第 1 章我们提到的"平安好医生"这个 APP 的例子，一开始平安保险也是派出了大量营销人员，耐心细致地告诉客户这个产品的好处，并教会客户使用方法。也就是说，平安保险在现实世界的客户触点上培养与客户的信赖关系，引导客户进入自己公司的经济圈，让客户理解了公司的理念。因此，虽说是为了应对后数字时代的到来，但平安保险同时也在增加营销人手。

前几天，笔者对平安保险的一个高忠诚度客户进行采访时，那位客户说了这样一段话：

"平安保险就好像一个值得信赖的朋友，可以解决我生活上的问题。有问题了找平安，同时它还可以让我的健康得到保障。我每天都在使用平安的健康 APP，每周也用他们的壹钱包 APP 买点东西。不过，要是最开始他们的保险业务员不好好地教我使用方法，我肯定不怎么会相信他们公司，也肯定不会像现在一样经常用他们的 APP。"

平安保险只是一个保险公司，客户对它的忠诚度竟能达到如此高的水平，这不免让人惊讶。究其原因，笔者认为平安保险现在推行的商业模式，**正符合了后数字时代对客户触点结构的要求**。

新世界中线上线下的主次地位会出现反转，因此"后数字时代对客户触点结构的要求"也不一样。笔者对这一点的思考与 2018 年曾风靡一时的《客户成功学》中的看法比较接近，《客户成功学》这本书中把客户触点类型分为高接触型、低接触型、偶发接触型［参考自《客户成功学——订阅时代帮助"客户成功"的十原则》(英治出版)］。

具体来说，该书认为"在建立客户关系时，应组合使用杠杆能力不同的三类客户触点"。高接触型的客户触点与人的接触最为紧密，需要单独应对某个客户；而低接触型的客户触点可以一次应对多个客户；偶发接触型触点则无客户人数限制，甚至不需要工作人员介入（当然有的场合工作人员也会介入，如在线沙龙活动）(见图 2-2)。该书的基本观点是："为了让客户达到更好的状态，应根据客户的层级划分应对等级，在帮助顾客实现成功与保证公司自身的收益中找到一个合理的平衡点。"从平安保险的例子我们可以看出，针对同一客户他们组合使用了多种客户触点进行销售。

这类思考方式本身就基于 SaaS[①] 等软件运营服务，因此与后数字时代的思考方式可以说是非常接近的。偶发接触型的客户触

---

① Software as a Service 的缩写，意为软件即服务。——译者注

点是与众多客户进行频繁接触的基础。以平安保险为例，平安好医生 APP 或其他数字服务都可以算作偶发接触型客户触点。

图 2-2　客户触点的三种类型

低接触型客户触点是"客户聚集的场所"，简单打个比方，店铺和活动就算这一类。比如说，平安保险每年都会召开一次盛大活动，不过受篇幅所限，在此不再赘述。总而言之，在美国或中国等后数字时代的发达国家，"现实世界是提供体验价值与获取客户信任的宝贵的客户触点"这一点已成为共识，因此这些国家的很多公司都十分注重旗舰店的设计，在旗舰店里贯彻了这一精神。例如在上海，星巴克打造了名为星巴克臻选烘焙工坊（Starbucks Reserve Roastery）的咖啡体验门店，耐克推出了以 House of Innovation 为概念的数字融合体验店耐克上海 001，新一代电动汽车品牌蔚来公司（NIO）则建造了 NIO HOUSE 这样的主题为"第二个家"的体验馆让客户体验蔚来的生活方式。在上海，类似的品牌旗舰店越来越多，其宗旨都在于让客户享受"网络无法完全传达的产品体验"。

谈到高接触型客户触点，其实我们之前提到的平安保险的营销人员就是一个很好的例子。另外，如果我们去安放了自助收银机的便利店就可以发现，其实还是有很多"人"的。"人"与"人"的沟通交流更温情脉脉，因此在想要维持亲近的关系时可以加以活用。关于这一部分内容，笔者会在之后的第 3 章进行详细阐述。

为了方便大家能更加深入地理解以上的论述，笔者制作了图 2-3 以供参考。客户成功学理论与后数字时代理论共通的客户触点部分，大家参考图中的"圆锥形"应该就容易理解了。

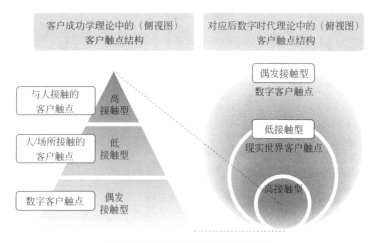

图 2-3　两种客户触点结构对应关系

2-2 OMO：区分现实世界与数字世界的时代已经终结

现在整个社会的基础设施都在从线下向线上转移，那我们从事经济活动时到底需要重视什么呢？这里笔者想介绍一下 OMO 这个概念，或许能为我们提供一个答案。"OMO"（Online Merges with Offline 或 Online-Merge-Offline）**是后数字时代成功企业一种共通的思维方式**，这种思维方式以线上线下的全面融合为思考基础，在此基础上考虑线上的竞争方法与竞争原则。

以往的思维方式都是思考"如何将互联网用到我们的经济活动上来"。然而现在的世界，新型基础设施日趋完善，"现实的场景与人们的行为一直与网络相连"，因此我们必须要认识到"单纯的线下将不复存在"这个事实，考虑如何开展我们的经营活动。如果我们无法正确理解后数字时代的世界观，无法正确利用客户行为数据或客户触点的价值，未来就会被跨国数字企业狠狠地甩在身后。

中国平安保险的例子也可用 OMO 的概念进行解释。平安保险本来属于传统型的保险巨头，却成功地用 OMO 的思维方式进行了彻底的改革。保险这种商品，以前更多依赖"人"这个要素,保险业务员拥有的客户信息具有很高的价值,一旦业务员辞职或转投其他保险公司,客户信息会整个消失,造成公司的客户流失。换句话说,再优秀的销售也比不上平时跟客户打交道的保险业务员,因为平时客户在网上搜索了哪些信息,现在有什么样的烦恼,想要寻求什么样的帮助,销售部门都不得而知,只有平时跟客户打交道的业务员才知晓这些秘密。

因此平安保险开发了"平安好医生"这款医疗健康 APP。平安好医生既是一个平台,同时也是一个秘密装置。通过让客户汇聚到这个平台上进行自由的活动,平安保险收集了海量的客户行为数据,客户对哪些医疗服务感兴趣,客户的兴趣点、客户的烦恼,等等,都变成数据汇入了平安保险。只有明白了客户在关心什么,客户健康方面的痛点就浮出了水面。如果能明白每个客户的痛点,那就能对保险业务员或市场销售部门做出具体指示,让他们去解决问题,从细节上应对好客户的需求。平安保险首先采取的策略,就是尽可能多地收集用户的行为数据,实现现实世界与数字世界的联动。这正是实践了 OMO 思考方式的一个非常好的例子。

OMO 形成的原因、产生的条件以及什么才是 OMO

OMO 这个词汇是谷歌中国的前 CEO、创新工场领军人李开复从 2017 年 9 月左右开始提倡的一个概念,2017 年 12 月《经济学人》杂志刊载其专栏文章后被广泛传播。

李开复把线下线上完整融合的社会称作 OMO，他在自己的著作中这样写道：

"以后我们坐在沙发上随手就可以点外卖，冰箱里的牛奶不够了就提醒我们追加购物车，线下与线上的界限已经消失。这样线上线下完全融合的世界就是 OMO，OMO 是从单纯的电子商务过渡到 O2O 模式之后的下一步，一个更加进化了的世界。"

李开复列举了共享单车、网约车、外卖等例子后，认为四大要素促成了 OMO 时代的到来。

- **智能手机以及移动互联网的普及**。随时随地有数据连接，赋予了我们无处不在的连接能力。
- **移动支付渗透率提高**。连小额移动支付都能在任何地方完成。
- **各种各样的质优价廉的传感器遍布整个社会**。实时把现实世界的场景和行为数据化，从而做到进一步有效挖掘、利用数据。
- **自动化机器人、人工智能**，让物流供应链流程自动化的能力增强。

"如果满足了这四个要素，"李开复这样说道，"现实世界的渠道随时接入网络，实时处理数据并做出反应，线下线上的界限将会模糊，最终走向融合。"

而本书中所说的 OMO，比当初李开复展示的"线上线下完全融合的社会"更进一步，指的是**"一种数字化成功企业的共**

通思维方式，这种思维方式以线下线上的完全融合为基础，来思考线上的竞争方法与竞争原则"。这是我们与中国的先进企业与日本企业进行多次讨论之后所得出的结论。

这些东西在中国其实已经没有再讨论的必要，因为现在的中国都是以数字世界为起点来考虑经济活动。在中国，线下世界消失变成后数字时代的社会之后，"线上既是起点又是基础""现实渠道是能进行深入交流的宝贵场所"这样的观点已是理所当然。在中国，OMO 时代已经变得理所当然之后，其实 2018 年下半年就已经不太能听到这样的提法了。

而与此同时，现在许多日本企业还抱着前数字时代的老观念——"我们在现实世界与客户进行接触，偶尔在线上也与客户见面"。

因此，在中国进行讨论时只要简单说"线上线下融合"，对方就马上能明白你的意思。而在还没有从前数字时代蜕变的日本，由于"数字世界还没有成为整个日本社会的基础设施"，现实世界与数字世界的接触点还不多，如果跟对方讨论线下线上的融合，对方多半会觉得是"以现有的线下为中心，添加线上功能就行了"。

所以，我们就更有必要把 OMO 看作"一种数字化成功企业的共通思维方式，这种思维方式以线下线上的完全融合为基础，来思考线上的竞争方法与竞争原则"。换而言之，"线上线下完全融合以后，界限消失，随时随地都成了在线状态，因此以数字世界为起点的思维方式尤为重要"。

为什么互联网企业需要线下店铺

笔者（藤井）首次听到 OMO 这个概念是在 2017 年 12 月。当时我们与某日系汽车制造商的人员一起组成了考察团，访问了中国屈指可数的互联网汽车媒体"易车"（BitAuto）。访问之前，我们都以为易车是一家互联网汽车媒体，就像日本以"Carsensor"为代表的，提供新车资讯、自驾咨询以及改装信息等服务的一家运营公司。然而，实地访问后我们发现事实并非如此。

易车公司战略部的员工，一边为我们展示如图 2-4 所示的公司介绍，一边这样说道：

"我们公司想做的事情如图所示。考驾照、买车、用车、卖车，然后重新回到从买车开始的这个循环，我们将其称作以客户为中心的'汽车生命周期'。我们的使命是用数据解析这个汽车生命周期的全过程，然后以此提供以客户为中心的汽车生活。为了实现这个目标，我们与图中的各类企业建立了投资或合作关系。"

图 2-4　易车生态系统圈

原来，易车其实是一家平台企业，意在打造与汽车生活相关的整个生态系统圈。比如说，洗车或泊车、汽车保险、记录用户自驾经历的 APP、考驾照的相关服务，等等，只要与汽车有关，易车要么进行投资，要么与其他公司合作。然后，他们把从各项服务中得到的数据用于新的服务开发与汽车咨询服务。易车下面有家子公司是数据分析咨询公司，现在据说已经有 7 成的汽车厂商都需要他们提供服务。

我们访问易车之前，曾做过背景调查，知道易车有线下实体店，在实体店里开展了 B2C 业务，为客户提供汽车咨询服务，也销售汽车维修的相关零部件产品。对此，我们考察团不太理解，因此提出了以下问题：

"贵公司身为互联网企业，现在却拥有线下实体店，销售汽车维修的相关产品，也向客户提供咨询服务。作为一个互联网企业，为何要在实体店铺上投入资金和资源呢？贵公司有什么 O2O 战略么？如果有的话，愿闻其详。"

听到我们的问题，易车的员工稍微有点困惑，于是这样答道：

"我们并没有用渠道进行划分什么线上或线下……其实线上线下这种说法，是站在企业的角度对渠道进行划分。**如今是 OMO 的时代，我们认为线上线下已经完全融合，区别在逐渐消失。因为对客户来说，并不会思考渠道的问题，只会根据自己的场景选择最方便的手段。**"

听了这番回答的日本考察团,只觉得对方在说一些"以客户为中心什么的冠冕堂皇的大道理"。现在回想起来,其实因为我们都在用前数字时代的思考方式,并没有理解对方话中真正的含义。

然而第二天我们拜访其他企业时,对方也说了同样一番话。我们这个日本企业考察团又拜访了一家叫京东(JD.com)的企业,京东是一家运营着B2C业务的电子商务网站并自营物流。当时我们拜访了京东的无人服务开发部门,对方给我们展示了无人便利店以及无人配送等公司项目之后,我们再次提出了前一天的那个问题。

"贵公司身为互联网企业,有必要发展线下无人便利店吗?贵公司有什么O2O战略吗?如果有的话,愿闻其详。"

对方听后,这样答道:

"现在已经不是O2O的时代了。现在这个时代,店铺虽然是线下渠道,但同样可以收集用户的行为数据。**对我们来说,手机也好,PC也好,便利店也好,其实都可以看作用户界面**。比方说,一位顾客无论是用手机买了1瓶水,还是在无人便利店买了1瓶水,只要我们知道谁在哪里买了什么品牌的水,作为数据来说都是一样的。顾客渴了,如果附近正好有家便利店,那肯定就在便利店里买水了。不会有人专门用手机买瓶水让快递员送到家里去吧。顾客并不会仔细考虑我到底是线上买还是线下买,**顾客只会选择当时最方便的手段**。所以我们公司认为,

最重要的是为顾客提供多样的选择。所以我们也会发展线下的无人便利店。"

没想到又是跟前一天易车公司一样的说法。之后，我们拜访不同的中国企业时，屡次听到同样的说法："现在线下线上已经完全整合，我们所做的只是在顾客想购买某件产品的瞬间，为其提供最便捷的选择。"我们在拜访阿里巴巴公司时，对方也说了同样的一番话。可以看出，对这些中国企业来说，现实世界只是收集数据的一个触点，也是一个绝对有必要的触点——这是他们站在顾客的角度进行思考得出的结论。

深挖高频数据，高效改善 UX，高效改良产品

回到刚才我们介绍的"易车"的话题。那天考察的最后，来自日系汽车制造商的某位考察团成员问了一个颇具挑衅性的问题：

"我们公司旗下也有汽车租赁、汽车保险以及停车场等各种企业。我们做的事情感觉跟你们易车非常接近啊。如果日后我们想在中国开展业务，贵公司是会同我们合作呢？还是会同我们展开竞争呢？请问贵公司对于未来的发展有什么样的看法呢？"

易车的员工听了这番话，满面笑容地这样答道：

"现在我们是想让整个行业发展壮大，我们当然非常高兴能

与贵公司合作，但最终也有可能变成互相竞争。我想到那个时候，最重要的是如何能高频价廉地创造出更多的客户触点，获取更多的数据信息。"

见到提问的那位考察团成员不明白什么是"高频价廉"，易车公司的员工继续解释道：

"为什么企业一方要下功夫收集数据呢？因为未来经济活动的竞争原则在于——**是否能尽可能多地收集收据，并充分挖掘数据价值，以此高效改良产品与改善UX**（客户体验、用户体验）。"

听到这番回答，那位考察团成员总算理解了对方的意思，苦笑着说："十年以后，我们公司可能就没有了吧。"听到这话，易车的员工却不为所动，紧接着继续说道："希望贵公司也能使用我公司的数据分析服务，开发新的产品。这样一来我们就能进行合作了。"我不得不感叹，易车的员工真是不屈不挠，勇往直前。

在这里，我想继续深挖一下易车这家企业的背景资料。我经常会听到有关这家企业的一个问题就是："据说这家企业是把数据作为产品返还给客户，那其实就是一种咨询服务，对不对？"没错，易车的确也采用了咨询服务的形式，但又不太一样，因为在易车的生态系统圈中，有一家实力雄厚的汽车制造商：蔚来汽车——一家被称为特斯拉竞争对手之一的智能电动汽车企业。其实，易车董事长与蔚来董事长是同一人，名叫李斌。蔚来的电动汽车上搭载了一款叫"nomi"的AI助手，nomi

以一个卡通角色的形象出现。我们看宣传片可以发现，蔚来汽车对用户的汽车生活中的每一个小细节都给予了充分关注。能做到这些，其实是因为蔚来背后已经有一套完整的生态系统，而这套生态系统能充分挖掘易车汽车生活经济圈中所有的数据价值。

李斌是中国有名的出行相关领域的投资家，腾讯和京东对其青睐有加。李斌投资的企业，经常可以看到腾讯或京东的身影。其实他过去也是共享单车"摩拜"的天使投资人。从这些事实我们可以得知，"是否能获得成功，关键在于是否能尽可能多地收集数据，并充分挖掘数据价值，以此高效改良产品及改善 UX"——这就是李斌在易车经营战略上的核心思想。我们曾在第 1 章谈到"2017 年，摩拜与 ofo 高效地改善了共享单车车型、APP、共享单车重新分配系统等，由此获得了用户的喜爱，抢占了其他竞争者的市场份额"。现在易车其实也完全采用了相同的做法。因此，大家普遍认为"李斌在创建完整的汽车生态系统之前，已经在汽车行业做了市场测试"。

无论如何，我们在拜访易车时，对方对易车战略进行的说明给我留下了极其深刻的印象。同时通过这次拜访，我深刻地体会到一件事，易车管理层的经营方针已经完全传达到了基层的每一位员工。

OMO 底层的思维方式——"以用户为起点进行思考"

接下来我想总结一下关于 OMO 思维方式的几点想法。

首先是需要实现"**渠道之间的自由往来**"。在线上线下已经融合，区别逐渐消失的时代，用户只会根据自己的场景需要选择最方便的手段。所以作为企业一方来说，应该进行全方位的商业设计，保证在各个渠道上都有畅通无阻的客户触点。这一点也可以说是 OMO 型商业模式的本质。当然正是由于我们现在能收集所有场景（包括现实世界）下的用户行为数据，这种商业模式才得以发展。拿易车举例来说，他们的客户有的想要进行面对面的咨询，而有的嫌麻烦不愿去店里，只想在网上简单咨询一下。但无论是哪种客户，易车都有一套完整的应对体制。如果是门店咨询，客户一踏入门店大门，人脸认证功能马上就会识别出客户身份，"这位顾客是××，最近正在关注一些××××"，客户的信息就会立刻呈现在工作人员的智能手机上。

其次是要让"**数据赋能 UX 与产品**"。日本的企业经常让用户填写一堆有关属性信息的资料，却不好好加以有效利用，顶多也就用在面对该客户时使用哪种销售技巧上（是向上销售，还是向下销售）。然而中国的企业，充分深挖了行为数据的价值，为让用户能更长时间留在自己的平台上竭尽了全力。因此，他们考虑的是如何把收集的数据运用到改良产品和改善 UX 上面，如果无法为用户创造更好的体验就会被市场淘汰。这并不是说"不要把数据作为公司的卖点，不要利用数据来提升效率"，而是说最重要的事是以收集的数据为基础，思考如何回馈用户，为用户创造更加美好的体验。究其背景，是因为"**在后数字时**

代，如果不这么做就会逐渐失去客户触点，也就再也收集不到数据"，后数字时代的竞争原则由此可见一斑。

第三点是"也要高效改善真实世界"。高效改善一般是互联网上的提法，从事数字营销的相关人士应该不会陌生。我们在制作网页或网页广告选择需要的图像时，一般会制作两个版本，看看哪个效果更好（AB测试）；发现问题后立刻处理，第二天马上测试结果的高效PDCA工作法，等等。因为这些都是在网上进行，让人会有一种异于寻常的速度感，所以被称为高效改善。而之前所说的"高效改善"UX、"高效改良"产品这种提法，前提是数字世界已经对现实世界实现了全覆盖，真实世界中也存在着众多的客户触点。"高效改善"本来是互联网人的思维方式，而OMO则是把这种思维方式运用到了现实世界的产品或店铺打造之上。其本质是对现实世界中客户触点形成的数据与网上用户的行为数据一视同仁，充分挖掘其数据价值。当然，要高效改良某个产品其实也需要大量的投资，我们必须做出适当的权衡。

总结完以上三点，大家可以发现，其实这三点都是要求企业以用户为导向，站在用户的角度考虑问题。到目前为止，本书中的例子大多都是中国企业。这一点可能大家会有些意外，因为对日本人来说，"以客户为导向"和"中国"两个关键词实在是很难凑到一起。然而，由于我常年在中日两国开展商业活动，在我看来，**现在的中国正在向后数字时代过渡，在"让社会更加便捷""为对方创造更多的价值、便捷与激励"等方面，**

中国人思考得更加透彻而深入。O2O 是"打通各个渠道为顾客服务",是一种站在企业角度的思维方式;而 OMO 则是一种站在顾客角度的思维方式,因为"顾客觉得多渠道融合才最方便快捷",两者有着本质上的区别。

2-3 即将消失的电商

上面我们探讨了"OMO 究竟是什么"这个问题。阿里巴巴的马云曾预言:"纯电商时代很快会结束,未来的十年二十年,没有电子商务一说,只有新零售。也就是说线上线下和物流必须结合在一起,才能诞生真正的新零售。"马云想要表达的是,未来用户不再会去区分线上线下,企业的销售和物流也不会再以线上或线下来划分。这一点我们很容易想象,在一切都以数字化为起点的时代,完全没有必要特意用"e=电子"来表示数字化的事物。前面我介绍了 OMO 的一些例子,在这里我想继续介绍阿里巴巴的"盒马",让大家进一步体会什么是 OMO 型的世界观。

阿里巴巴旗下的 OMO 型网上超市"盒马"

现在 OMO 型的商业模式很受欢迎,其中一个成功的案例就是阿里巴巴运营的"盒马"。盒马是一家 OMO 型超市，它的例子很容易理解。我们接下来将对盒马的秘密进行具体解析，加深我们的理解。

盒马创立于 2016 年，是一家带有电商性质的生鲜食品超市。盒马原来计划 2018 年末在中国开店超过 60 家，而现在的发展已经成功超过了 100 家门店。无论线上还是线下，都可以在盒马下单购买。阿里巴巴没有明确表示盒马的商业模式是 OMO 型，而是用了"新零售"和"线上线下融合"这些词语。但实际上由于盒马的门店在世界上率先实现了线上线下的联动，"甚至早于亚马逊 GO，并且比亚马逊 GO 更加方便"，现在世界各国企业都纷纷前往盒马取经学习。

盒马的 UX 是什么样子

盒马最大的特点是方便快捷，能迅速把新鲜丰富的食材送到顾客手中。**在线下单后，盒马对门店 3 公里范围内的客户保证 30 分钟以内送达**，这种方便快捷大受消费者们的欢迎。

如果我们进入盒马某个门店，可能会大吃一惊。首先，我们会发现店里有很多店员。而这些店员并不是用来专门接待来店顾客的，他们手持专用终端机忙个不停，其实是正在接受在线订单，从货架上挑选出订单商品，然后进行分拣。这些店员拿着专用终端机确认了在线订单后，会把一件件订单商品扫码，放入专用的配送袋。据说盒马规定了分拣时间为 3 分钟。

订单商品被放入专用配送袋后，会挂到墙上的大钩子上。盒马门店的墙与天花板之间有一条传送带，传送带不停滚动，大钩子就会吊着这些订单商品将其传送到天花板上，然后穿过门店与后庭，直达门店深处的配送中心（见图2-5）。到这里的时间需要5分钟。而配送中心里等着数不清的骑手，留给骑手的配送时间为25分钟。所以，盒马可以在30分钟以内把订单商品送达顾客手中。

图 2-5　盒马门店内部

很多顾客最开始都是觉得配送方便下了单，后来听说附近有盒马的门店，基本上都会来门店逛一次。而当顾客真正来到门店之后，就会看到在天花板上传送的配送袋，看到盒马琳琅满目的生鲜食品，还会看到盒马在海鲜区域旁边打造的餐饮区，他们往往会大为吃惊。海鲜柜里各种各样的鱼儿游来游去，而坐到隔壁的餐饮区马上可以吃到现买现做的新鲜海鲜。当然餐饮区提供的不光只有海鲜，里面还有提供其他各种食物的小吃店（见图2-6）。

图2-6　盒马餐饮区

一般来说，在电商购买海鲜，顾客无法亲眼确认食材的新鲜程度和完整状态，所以大部分人都不愿通过电商购买海鲜。然而在盒马打造的餐饮区，顾客亲眼看到"店员从海鲜柜里捞鱼出来，是现买现做现吃"，自然而然就会产生联想"我如果买了鱼也是这么捞上来给送到家里"，那下一次顾客就会从网上下订单购买海鲜。

"盒马"的门店采取了一种"让顾客走进食品电商的仓库中"的陈列设计。不仅如此，盒马门店既是超市又是生鲜食品电商的仓库，同时还兼备了配送中心的功能，另外还扮演了生鲜食品销售场与餐厅的角色。这样的设计比分别单独设计节省了空间，也节约了成本。盒马综合了线上线下各自的优点，是一家多功能、高效率的超市。

说到这里，我相信大家已经理解了盒马的特点。接下来我要换个角度，从用户的角度对盒马的优点进行说明。对盒马来说，同样适用"**顾客只会选择当时最方便的手段**"这个原则。盒马门店 3 公里以内，无论顾客身处何处，只要用智能手机下单，商品 30 分钟内就能送达。在日本，有的网上超市会宣传"前一天晚 11 点前的订单可次日送达"，而在盒马，比如说顾客在回家路上思考今天要做什么或吃什么的时候，只要打开手机马上下单，基本上一到家就能收到盒马送来的商品。也有些盒马的顾客，喜欢下班路上进门店里去逛一逛，选好要买的东西后自己空手回家，30 分钟后等着盒马的骑手免费送货上门。可以说，**盒马为顾客提供了灵活多变的采购方式供其选择**。

不仅如此，顾客所有的消费行为都会汇聚到盒马的 APP 里，系统会根据每一个顾客过去的购买记录数据，为其推荐产品或赠送打折券，这些都会在用户的个人页面上显示。盒马 APP 构建了一个完整的闭环，顾客在门店购买商品也好，在餐饮区吃现买现做的新鲜食物也好，在网上叫外卖也好，所有的消费行为都需通过盒马的 APP 进行，付款也是在盒马 APP 内完成。现在中国有个说法是"盒区房肯定会涨"——指的就是盒马门店 3 公里以内的房子的价格肯定会上涨。盒马的魅力由此可见一斑。现在，对那些生活在中国都市里的人来说，盒马已经不可或缺。

据打造盒马的阿里巴巴 UX 负责人说，**盒马是重视"零售娱乐"的产物**。"零售娱乐"就是零售与娱乐的叠加。正如"零售娱乐"这个词所示,盒马的门店不但高效,门店陈列设计也兼具了娱乐性。比如说我们前面提到过"盒马门店的墙与天花板之间有一条传送带,传送带不停滚动,大钩子就会吊着这些订单商品将其传送到天花板上",其实网上订单的处理过程没有必要让顾客看到,但盒马反而将其特意展示出来,为顾客创造出好像在参观工厂一样的视觉体验。而且盒马在门店中央设置了一个超大的透明海鲜柜,里面养着活的帝王蟹和龙虾,不但为顾客提供现买现吃的服务,还为顾客提供了视觉上的享受。顾客来这里买东西,就好像到了一个小型的筑地市场[①]一样,充满了乐趣。同时盒马提供的现买现做服务,工作人员都是在全透明玻璃厨房内作业,让顾客看得放心吃得安心。如果顾客亲自体验了盒马门店的乐趣,下一次就会放心大胆地在网上下单购买生鲜食品。盒马的这套系统可谓非常高明,的确能称作"零售娱乐"。可以说,盒马的门店设计充分发挥了"后数字时代中现实世界客户触点的功能",完全体现了客户的体验价值与情感价值。

成功背后的科技力量

接下来,让我们来分析一下盒马的深层构造到底是什么样子的。首先值得我们注意的是,盒马对于供应链的想法与一般公司完全不同,**盒马以顾客为导向重建了整个供应链**。"30分钟内送达的配送流程"也好,以顾客的"视觉乐趣"为先打造的

---

① 日本最大的鱼市场,位于日本东京都中央区筑地。——编者注

门店设计也好，都体现了盒马的客户导向原则。不仅如此，盒马的门店顾客与网络顾客的下单结账统统都是通过盒马 APP 完成，而每个用户的个人用户页面不尽相同，页面上呈现的推荐商品全是由 AI 完成的个人定制，AI 会根据每个用户的详细数据向其推荐最合适的商品。而且，据说盒马整合了海量的消费数据后，还会根据每个门店的情况调整商品的品类与库存。这也就是说，盒马门店的商品品类并非都是千篇一律，根据门店所在地区人群的需求，盒马会提供最适合当地顾客的商品品类，例如在北京的盒马就会摆放很多与火锅相关的食材等。

同时通过大数据监测，盒马基本不会出现太多卖剩的商品。例如生鲜蔬菜的话，盒马会与农户共享信息，提前规划每日的收获量与接下来要种的产品类别，并随时进行细节上的调整。盒马以用户利益为中心，完全实现了满足用户需求的门店陈设与系统设计、商品进货。由此可见，与一般的零售业公司相比，盒马的想法是完全不同的。

据 2018 年秋天盒马公布的数据来看，初期开设的盒马门店日营业额接近 90 万，总的来看也几乎没有亏损的门店。盒马新店开业时，网络订单占总销售额的比例达到八九成，门店销售占一二成，而当顾客慢慢感受到门店的体验价值之后会经常造访门店，最终门店的销售金额一般会达到总销售额的四成左右。盒马的销售额既不全来自线上，也不全来自线下，而是来自一个两者融合的世界；线下四成这个比例，可以说很好地体现了后数字时代世界观的特点。

盒马的商业模式日本也能复制吗

日本相关业界人士最经常问我的问题就是:"盒马模式在我们日本也可以复制吗?"对于这个问题,我想先不公布答案。我曾经问过阿里巴巴的管理层:"盒马在开店时,一般有几成胜算一定会赢利?"结果对方答道,"我们在开店的那一刻,基本就完全有把握赢利。"

要理解这番话的意思,我们必须得首先理解打造盒马的阿里巴巴。阿里巴巴手握占中国一半人口左右的用户的在线消费数据。再加上旗下支付宝保有的数据,线下消费数据相关用户也要占中国一半人口左右。另外,如果再加上阿里巴巴投资的公司与整个阿里经济圈内用户的消费行为数据与移动数据,阿里巴巴手里的庞大数据整合起来,可以说基本就能明白"某块土地上住着什么样的居民,他们又过着怎样的生活"。首先我希望大家把这点牢记在心。

盒马在新开门店的时候,会根据这些数据选择门店位置。他们一般会选择周边居民消费力强、尽可能包含商务区的地区。据说盒马特别锁定的主要目标客户群体为——"25～35岁之间的已婚女性,同时不太看重价格,更注重食材的品质与新鲜程度的消费者"。开店一般会首选这种消费者最集中的地方,其次也会考虑到人流量、生鲜食品网上消费率是否较高等诸多方面。

以上介绍的内容其实在中国已经众所周知,其他企业想要复制盒马模式开店完全可能,而且在当今的中国都市,盒马的"30

分钟以内送达"业已成为一个行业标准。但是，盒马已经占领了先机，抢在竞争对手之前拿下了最好最大的位置开店，因此获得了成功。这种成功可以说应归功于盒马的深层构造——阿里巴巴不仅拥有最庞大的基于消费数据与移动数据的顾客偏好数据和消费能力数据，还能用以 AI 为首的科技力量对其进行充分的价值挖掘。

现在，阿里巴巴想要把盒马的"新零售"商业模式打造成当今社会的标准模式。因为通过推广盒马商业模式，阿里巴巴同时可以进行数据营销。如果盒马的商业模式成为业界标杆，而阿里巴巴又拥有最庞大的消费数据库，那么到时候其他企业就会纷纷找上门来向阿里求购数据。

最后，让我们回到"盒马模式日本也能模仿吗"这个问题上来，我的答案是——阿里巴巴的"新零售商业模式"是完全能够模仿的，可光模仿只能模仿其表面构造，而这种构造其实是后数字时代思维方式的具像化体现。笔者认为，如果想要获得像阿里巴巴一样的成功，那只有像阿里巴巴人一样进行后数字时代的思考。

2-4 不断被颠覆的现有业态

近年来，由于 OMO 型商业模式的盛行，传统大型连锁企业的地位发生了动摇，不再坚如磐石。接下来我想介绍一些传统大型连锁企业的例子。

星巴克中国销售额的变化——游戏规则转型 OMO

中国是一个拥有 14 亿人口的市场，星巴克在中国市场倾注了大量心血，至 2018 年秋，星巴克共计在中国 141 个城市开设了 3300 家门店。除此之外，星巴克还在 2018 年 5 月宣布，计划今后将每年新开 600 家门店，预计 2022 年之前会将门店数量提高到 6000 家。星巴克还在上海开设了星巴克臻选烘焙工坊（2018 年春之前，全世界范围内只有西雅图拥有星巴克臻选烘焙工坊），并于 2018 年 6 月在北京开设了除烘焙工坊以外的全球最大门店。对于住在上海的笔者（藤井）来说，确实亲身体会到了，不仅是星巴克，整个中国各类咖啡店的数量都在不断增加。据中国产业信息网报道，由于中国咖啡店市场规模本身较小，截至 2018 年，市场规模正以每年 25% 以上（世界平均水平的 10 倍）的增长速度迅速扩张。

然而，2018 年星巴克在中国的经营似乎陷入了麻烦。据路透社 2018 年 7 月 31 日的报道，"星巴克一季度[1]（截至 7 月 1 日）的财报显示，中国区同店销售同比下降 2%，与上一年度的同比增长 7% 相比显著下滑"。星巴克承认了经营没有达到预期效果，并迅速宣布与阿里巴巴联手，在配送与利用大数据方面开展合作。

我作为一个咖啡爱好者，其实完全可以从日常生活中感受

---

[1] 日本会计年度中，一季度指 4～6 月，二季度指 7～9 月，三季度指 10～12 月，四季度指 1～3 月。——编者注

到星巴克经营状况的变化。原来我每天去两次星巴克，可谓是一个忠实的星巴克粉丝。不过现在我每周只去两三次了。为什么会发生这种改变呢？我接下来将从用户与市场变化的角度进行交叉探讨，其实这也与 OMO 型经济的兴盛有着很大的关系。

首先我需要大家认识到的一个前提是，在中国移动支付已经十分普及，所有的支付都可以通过智能手机完成。另外，中国城市聚集了大量薪金较低的劳动人口，因此中国的餐饮外卖服务快速得到了普及。日本虽然也有类似的"优食"或是"出前馆"等服务，但中国外卖的普及程度日本人完全无法想象。中国的城市里面，几乎所有的餐饮店都会注册外卖服务，几乎所有的人手机里都安装有外卖 APP，外卖服务可以说已经变成了中国餐饮行业的基础设施。

而星巴克虽然也察觉到了这一变化，但在与阿里巴巴联手之前星巴克并未涉足外卖业务。究其原因，有可能是星巴克抱着自身"第三空间"的定位不肯撒手，也有可能是出于意式咖啡不太适合外卖（咖啡变冷、冰块化掉、奶泡消失）等多方面的考虑。在没有推出外卖业务的情况下，中国星巴克的销售额虽然在 2017 年实现了顺利增长，然而到了 2018 年，情况就大不一样了。究竟是发生了什么呢？

外卖带来小店经济的兴起

近年来，中国的"饿了么"与"美团外卖"等"外卖服务 =

配送员网络"的新经济日趋壮大。从餐厅的角度看来,这种新经济的机制意味着"每个餐厅无须雇佣自己的配送员,同时在用餐高峰时期,也能不受座位数与翻台率的限制,接待大量顾客"。

在外卖兴起的背景下,城市中心地区出现了很多小型简易的餐饮店。说它们小型简易,是因为店内没有摆放座椅,只有厨房与柜台。由于中国社会数字化服务渗透率极高,因此这样的餐饮店也就没必要在店里设置宽敞的用餐区域了。它们从翻台率的苦恼中解放了出来,向附近所有的居民楼与商务楼敞开了大门。对这些餐饮店来说,最重要的反而是餐食的操作过程,也就是"接到订单后,是否能迅速出餐"。因为叫外卖的顾客并不关心外卖店的距离有多远,而只关心"几分钟能给我送过来"。

这样一来,这些餐饮店的选址就十分重要了。如果把店开在人多的地方,不但能打开知名度,路过的行人也容易购买。如果想在离住宅区三公里以内的地方开店,应尽量避开只有单行道的路边,否则就会增加多余的外卖配送时间。位置越好的地段租金也更贵,以前的许多咖啡厅很难开在好地段,但现在由于不再需要宽敞的用餐区域,只要七八平方米就能开个简易的小型店了,因此中国城市的繁华区域出现了大量小空间、低成本的小店。

那这种环境变化会给生活带来什么样的变化呢?以我为例来说明一下吧。离公司 200 米远有一家星巴克,过去我每天早上都去买一杯咖啡，然后再回公司。到了中午，我会再去买一杯咖啡。我最经常买的是 31 元人民币的超大杯豆奶拿铁。然而现在我的消费行为发生了改变，我现在每天是到地下一层的一家 Narrow Gate 咖啡店买咖啡了。Narrow Gate 这家咖啡店非常迷你，不过三四平方米左右。但是店主非常讲究，老实说他的意式咖啡比星巴克的好多了，标准杯卖 20 元人民币，可谓质优价廉。咖啡店因为就在电梯口附近，办公室一下来就到，非常方便，我每天要买 3 杯。一杯 20 元，总共就是 60 元。

外卖服务与配送员网络的日趋完善节省了门店空间，这让很多餐饮店都能够入驻更好的地段，同时更加专注于餐食本身。像小型咖啡店这样的微型经济到处生长，自然会抢走星巴克的一部分市场份额。虽然星巴克业绩下滑还有很多其他因素，但微型经济的影响也绝对不容忽视。

线上线下"任君选择"

中国的咖啡店经济还在持续进化之中。譬如瑞幸咖啡（Luckin Coffee）就可以说是一家 OMO 型的咖啡连锁企业，它的宣传口号是使用了在 WBC（世界咖啡师大赛）获奖的阿拉比卡咖啡豆，咖啡饮品品质优良。实际上瑞幸咖啡的味道也确实挺不错（不过就我个人的主观印象来说，还达不到"非常好喝"的程度）。瑞幸咖啡在 2018 年的一年间迅猛发展，开出 1600 家门店，其中大多数门店没有座位，是专供自提或外送的店铺。

接下来我解释一下瑞幸咖啡的点餐方法。首先,瑞幸咖啡只能通过它的专用 APP 购买,只要下载专用 APP,我们就能免费获得一张赠饮券。由于瑞幸咖啡是一家新型业态的咖啡店,同时味道也不错,大家都有兴趣去下载 APP 试试看。

瑞幸咖啡的取餐方法有两种。一种是外送,一种是门店自提。如果选择门店自提,那我们到店后,只需要出示一下取餐二维码就能提货。所以顾客既可以选择去之前下单,到店就提货,也可以选择到店里跟朋友汇合之后当场下单。

瑞幸咖啡的支付方式也有两种选择。一种是直接移动支付,一种是用预先购买的咖啡券进行支付。瑞幸的咖啡券,如果顾客预先购买,买两张送一张,买五张送五张。像我们 beBit 上海的总务负责人就预购了一定数量的瑞幸咖啡券,方便公司的人一起买咖啡的时候使用。半价就能喝到美味的咖啡不说,还能节省经费开支。

另外更加方便的一点是,如果买瑞幸咖啡的话,我们要请客或代取都非常简单。顾客买完咖啡后会收到一个带编号的二维码,这个二维码也可以分享给别人使用。有了这个二维码,我们就能轻松地请人喝咖啡,或是帮人取咖啡。

另外如果我们去店里可以发现,瑞幸咖啡都是按照编号顺序制作的。亲自来店里取咖啡的顾客也好,来取外送咖啡的外卖员也好,只要说出取餐号码,店员就知道是哪杯咖啡。对瑞幸咖啡的店员来说谁来了都一样,只要把号码对应的咖啡交给对方就好。这就是 OMO 的精髓——让流程简化。

瑞幸咖啡的登场，让我的咖啡生活进一步发生了改变。首先，以前我们办公室的人想喝饮料的时候，要么叫外卖的奶茶，要么出去星巴克买咖啡。而原来的这些习惯现在全变成了点瑞幸咖啡。其次，就我个人而言，虽然我前面说会去写字楼底下的 Narrow Gate 买咖啡，但早上由于还想买早餐，所以就会选择同时提供早餐的瑞幸咖啡，导致我自己也囤了一堆瑞幸咖啡券，因为每天都要使用。

星巴克被逼入绝境，如何进行改革

中国星巴克为了能起死回生，2018 年末宣布"联手阿里巴巴战略"，并公布了两项计划。

1. "饿了么"为星巴克配备专属骑手

配备星巴克专属骑手意味着更加迅速。外卖服务平台"饿了么"的骑手，一般来说只要保证"30 分钟内送达即可"，所以不会取一件商品就马上配送，而是倾向于集中配送多件商品，结果会花上近 30 分钟左右的配送时间。但是，饿了么为星巴克配备专属骑手之后，咖啡可以及时送达顾客手中。这个过程比以前的配送时间更短。其实之前星巴克已经开始了这项服务，不过没有做太多宣传。

2. 通过盒马 APP 也能在星巴克点餐

阿里巴巴打造的 OMO 型超市"盒马"在市场上获得了巨

大的成功，在"盒马"中引入星巴克之后，顾客就可以在下单其他商品的同时点星巴克咖啡了。现在盒马很受消费者的欢迎，如果星巴克在盒马中也提供点餐服务，那顾客购买生鲜食品的时候也能顺便买一杯星巴克咖啡了。这样一来，星巴克的客户触点数量也会实现大幅度增长。

我不知道大家会如何评价星巴克与阿里巴巴的合作战略。理论上来说，星巴克通过以上计划，可以打通过去没有实现的外卖服务的渠道，增加与顾客的接触机会。但是，正如前文提到的中国咖啡店经济发生了巨变（小店经济的兴起，OMO 型咖啡连锁企业的登场），笔者认为星巴克宣布的战略并没有提供新的价值。我个人的观点认为，星巴克只有适应了中国的"打折文化"，进行了 OMO 转型之后，才能真正应对当今中国市场的挑战。

同时另一方面，虽然瑞幸咖啡急速扩张，也获得了市场的认可，但在商业利润方面仍是巨额赤字，现在的商业模式是不继续投资就无法顺利运转。瑞幸咖啡的将来如何发展也无法预料，有一部分人认为瑞幸会变成第二个 ofo。不过笔者认为，咖啡比共享单车的行业壁垒更高，况且瑞幸现在已经拥有了 1600 家门店，巨额赤字也是很难避免；现在瑞幸最重要的是如何以现有门店为核心实现赢利，相信这方面瑞幸也会倾尽全力。

这里我想请大家注意的是：星巴克是一家全球知名企业，而瑞幸咖啡只是一家在后数字时代创建不到一年的 OMO 型企业,而现在星巴克居然步人后尘,学起了它们的做法。这一点希望大家一定要铭记在心。

2-5 日本企业容易犯的思考坏习惯

思考坏习惯 1:"以效率与科技为核心的无人化"

接下来,我想举例说明一下日本企业与中国企业的思考方式完全不同。这是上次我与某大型日本零售商拜访"简 24"无人便利店运营公司时发生的事情。

简 24 是一家在上海创办的,用科技推广无人便利店商业化的公司。普通的无人便利店,有的商品贴有 RFID 标签,顾客拿着贴着标签的商品通过固定关卡后会自动结账,有的则需要顾客拿着手机,用 APP 扫码一件件商品结账,而简 24 无人便利店跟这些系统都不一样,是靠店内安装的摄像头进行图像识别来完成交易。怎么在简 24 无人便利店购买商品呢?首先,进入便利店时需要认证,顾客需要打开专用 APP,进行人脸识别和会员条码扫码,认证完成后通道关卡自动打开。当顾客买完商品后,再次在关卡处进行人脸识别和会员条码扫码就可以出店。几秒钟后会顾客会收到扣款通知,完成整个购买。顾客所有的行为被店内摄像头捕捉，系统会自动匹配商品信息与客户身份，顾客可以"拿了就走"。

我们在访问简 24 的时候，问了这样一个问题："贵公司今后打算怎样扩大无人便利店的市场呢？"结果对方的开场白是："我们公司并非想要快速发展无人便利店事业。"接着，对方继续说道：

"我们想做的是用图像捕捉真实的客户行为，并将图像数据进行回收，然后通过机器学习和大数据分析充分挖掘其价值。比如说，人们在购物时，会为什么而烦恼；为什么买错东西；为什么放弃了原来的选择而换了其他商品；怎么做才能让顾客注意到现在流行的商品；等等。"

原来简 24 公司的目标，是**成为一家提供顾客真实消费行为数据的营销咨询服务类公司**。他们记录用户在线下真实门店的**消费行为，通过大数据积累与分析，解析消费者的行动路线、烦恼的节点**，等等，以提供个性化精准营销的解决方案。

"年龄段与性别的不同，会造成顾客真实消费行为数据出现很大差异。我们想创建一个庞大的消费者购买行为数据库，然后在此基础上确立我们的评价体系，展开相关咨询服务，或者说提供整套解决方案。总的来说，我们公司打算以顾客真实的行为数据为核心来开展我们的事业。"

换而言之，在线上线下融合发展的时代，简 24 无人便利店的存在只是一个为了优化客户体验的诱饵，其存在的真实目的是为了更好地探索——"要怎样才能用线上速度来高效改良线下门店，实现针对每个客户的个性化服务"。

简 24 的门店本来分为无人店与有人店两种。无人店的装潢非常简单，感觉就像没有人的 Kiosk（日本 JR 车站常见的小卖部名称）一样。而在简 24 有人店里面，顾客可以自助结账，店员能帮助顾客结账，也可以提供一些附加服务，例如提供简餐等。而现在的简 24 围绕着"专注于收集消费者行为数据"这个核心目标发展，基本都只剩下了无人店在运营。预计以后数据积累到一定程度后，简 24 会同其他便利店与超市开展协作，用现在的这套系统收集更多的数据，当然，协作方也会第一时间享受到这些行为数据带来的价值。

现在，无人便利店在日本也备受瞩目。然而在简 24 看来，"无人"本身其实并无太大的意义。他们考虑的是进入 OMO 时代后线下不复存在的将来，为了让公司在未来占据上风，必须大量获取用户消费行为数据并积累相关经验。而简 24 无人便利店，则是他们为了解析用户在真实场景的消费行为的一个试验场。在网络世界，想要知道用户的消费行为很简单，只要打开用户历史浏览记录，一看便知用户到底"在哪个环节烦恼"。用户只是浏览了商品页面但没有购买，用户有没有点击推荐的广告商品，所有互联网上的用户行为都——记录在案。然后到了现实世界可就没这么简单了。简 24 无人便利店的推广其实是一种尝试，他们努力想把互联网上的那一套行为分析运用到现实世界当中来。

思考坏习惯 2：逆向 OMO——"活用线上技术"

前文笔者已经解释了什么是 OMO 的思考方式。然而对很多没有理解"后数字"这个概念的企业界人士来说，他们不仅无法以 OMO 的方式进行思考，反而往往想采用"逆向 OMO"的方式推进公司的数字化进程。这是什么意思呢？具体来说，他们在同时考虑线下与线上的时候，往往会立足于过去线下世界的竞争原则，沿用过去的方式制定公司的战略措施，考虑如何与对手进行竞争，这就是"逆向 OMO"。这种"逆向 OMO"的思考方式究竟如何表现，又错在哪里？接下来我将继续讲述拜访简 24 公司时发生的"大型日本零售商与中国无人便利店之辩"，这个故事对我们理解什么是"逆向 OMO"非常有帮助。当时，日本企业一方不断用"逆向 OMO"的方式进行提问，而中国企业一方则反复强调"请站在 OMO 的角度进行思考"。

起初，日方是这么问的：

"如果我方引进像简 24 采用的数字技术与无人便利店相关技术，首先想在部分门店进行实验，具体我们应该怎么操作会比较好呢？"

然后中方答道：

"我们认为最重要的问题是——是否能将获取的行为数据与每位顾客进行精准匹配。因此，只是单纯地改造店铺，或只在部分门店推广这些技术是没有意义的。只有当所有的会员信息、所有门店的库存数据，与其他店铺的共享信息等全部都实现了数字化，能统一进行处理的时候，这些技术才有了意义。不知道贵公司现在是否已经做好了准备。

"门店或收银台是否有人，这一点其实关系不大。请想象一下网上商店放到真实场景当中会发生什么吧。如果能想象出这个场景，那贵公司就能有效利用我们简24一类的系统与技术。想想看吧，在互联网上，我们查看用户的浏览记录就能知道其行为的变迁。现在我们公司做的事情其实跟这个一样，通过观察用户在店内的活动来解析用户的购买行为。"

听了这席话，我感觉对方其实在委婉地传达着一个意思："引入'数字化'这样的思考方式是错误的，首先全部数字化之后再来进行讨论吧。"

接着，日方企业的管理人员继续问道：

"我们公司有很多用户，我们手里也有很多用户的ID信息，还用专用卡进行了存档。我们认为这些数据资产是我们公司的优势。现在，我们想用这些用户信息优化我们的用户体验，让我们的服务更加便捷。不知道贵公司能给我们提供什么建议，或有什么相关经验可以告诉我们吗？"

结果，中方企业的管理人员立马答道："**单纯的用户属性信息可以说是毫无价值**。用户的属性数据，只有同用户平时的行为数据结合起来之后才有意义，才能产生价值。您刚才的观点就等于说认为20岁的女性全部都一样呢。"对方毫不留情地继续道：

"每个人的兴趣爱好各不相同，有喜欢烦恼的人，也有不喜欢烦恼的人，有的人喜欢 A，有的人却喜欢 B，等等，每个人的行为习惯是有差异的。**我们要解读出用户行为背后的含义，在最合适的时机提供最合适的信息才有意义。**未来想要让事业成功，我们认为关键在于是否能全方位地搜集到用户数据，这其中不光是用户属性数据，还需要包括购买习惯等一系列相关数据。"

接下来日方又问了一个问题：

"我们公司也打算数字化转型，但因为公司规模庞大，不知道该让市场部来主导还是数字部来主导。贵公司怎么看？"

对此，中方立即答道：

"如果公司要全盘数字化，需要打通公司全方位的功能，这相当于重塑整个公司。因此当然需要 CEO 直属团队来推进，不然无法实现目标。"

据说简 24 无人便利店的运营公司过去主要进行咨询服务，为客户提供自助收银机与相关配套数字基础设施的全面导入。有一次他们为了协助某企业完成 OMO 转型，创建了 CEO 直属团队不说，还引入了 300 位工程师，最终花了 1 年时间才完成整个工程。如果没有这样的心理准备，不能投入足够的时间与资源，是无法顺利进行数字化转型的。

会谈的最后，日方企业人士说道：

"我们公司有很多线下门店，这些优质门店与广泛的线下关系网是我们最核心的财富，今后我们也想好好利用线上的优势来开拓我们的事业。"

中方负责人听后，委婉指出：

"未来线上线下的概念会越来越模糊，两者的界限将最终消失。顾客买东西时不会去想是线上还是线下，只会考虑用最近、最方便的解决方案来完成购物。我们可能需要从区分线上线下的思维方式中走出来吧。"

在拜访这家无人便利店的运营公司之前，我们反复向这家日本企业强调过"这就是OMO""需要把门店看作是网上的商店""未来将变成所有的行为数据都会被获取的时代"等很多观念。而会谈中，对方的回答就仿佛印证了我们之前说过的话。OMO型的世界观已成为走在数字经济最前沿的诸多企业家的共识，前文中提到的京东曾经断言——**"对我们来说，手机也好，PC也好，便利店也好，其实都可以看作用户界面"**。而这次，简24运营公司的负责人说的话完全一模一样。

我们访问了多家中国企业后，终于明白了在当今的中国，OMO型思考方式已彻底成为大家的共识。而日本企业对OMO型思考方式还很陌生，无法立马转变观念，因为他们现在的做法与OMO型的做法相去甚远。其实"后数字"这个词，是笔者为了让日本同仁能够更好地理解"OMO"而提出来的。由于大家难以理解"OMO",经过多番摸索,我提出了"后数字"这个更容易用图表示的词汇,让大家能够直观地理解。

思考坏习惯 3:"以产品为中心"

日本的产品质量过硬,日本的服务品质优良,这一点众所周知,也让日本人对此十分自负。然而现实当中,我也看到了很多企业盲目自信,总是以产品为第一导向而无法转换观念的例子。结果导致他们往往采用"逆向 OMO"的方式来推进数字化转型,完全弄反了方向。数字化转型意味着全面"向数字化转移、转变",要求我们必须把思想观念与思考方式转移到后数字时代的方式,开展 OMO 型的经济活动。

例如在现实中我们经常可以看到这样的情况,以技术为导向进行生产制造的时候,虽然既有技术又有材料,但是却不知道如何用这些技术与材料制造合适的商品,也并没有去充分考虑顾客的想法。而用后数字时代的方式进行思考的话,必须以用户为导向,需要考虑如何在数字世界创造更多与用户的接触点,而这样的思考方式与技术优先、产品优先的思考方式亲和度不高。另外,日本还有种倾向,就是喜欢把线下的东西不管三七二十一全盘照搬到线上。例如,有的喜欢把线下广告页原样复制到网站上进行广告宣传,有的则喜欢把服务或设计优秀的线下门店直接放在网上,把网上店造得跟现实中一模一样。这些可以说全部都是"逆向 OMO 型"的思考方式,没有用后数字时代的思考方式在考虑问题。

为什么说"逆向 OMO 型"的思考方式不行呢？首先让我们来看一下数字世界与现实世界的区别吧。在真实的场景中，店面大小与位置等都存在物理条件上的制约，企业的门店运营是基于现实的物理条件来打造门店的工作流程，设计客户服务。由于受物理条件制约的是企业一方，在顾客的角度看来，"特意跑到门店里面去"也好，"一条条读说明书"也好，"需要长时间等待缺货商品上架"也好，都是被逼无奈。虽然顾客会感到不快，但即使被逼无奈也只能接受企业的做法，而且在过去这样的做法也是行业惯例。企业基于现实的物理条件进行服务设计，而顾客必须予以配合，这就是前数字时代的商业模式，必须优先考虑企业一方的逻辑。

然而，大家想一想 VR 就能知道，在数字世界里，整个世界都是可以自由进行设计的。如果使用 VR 技术，我们想飞也好，想跳也好，简单就能实现。在数字世界，用户很轻松地就能打造自己的理想状态（当然，手机或 PC 界面尺寸等物理条件上的制约仍然存在……）。从这个意义上来说，可以说数字世界把我们从物理条件的制约中解放了出来，在这里我们可以更轻松地实现自己的理想。线上世界与线下世界，想把这两个不同的世界结合起来的时代称为"O2O"时代。

而如今更进一步，线上线下完全融合后世界会变成 OMO 的时代，到时线下将不复存在，"必须用互联网思维来思考在真实世界中的客户触点"。这样一来，我们在线下也必须打造顾客的理想状态，就像我们在数字世界中所做的一样。如此一来，我们就会从过去的思维限制中得到解放，变得更加灵活。顾客根本没有必要特意去门店，顾客网上方便的时候就网上下单，附近有店的时候去店里也行，不想把东西提回家的时候我们就帮忙送过去。总之，为了优化顾客的体验，我们要做的就是优化我们的门店设计与供应链管理。没错，说到这里大家可能都想到盒马的门店了。

线下门店的建设受制于物理条件上的制约，如果直接把线下门店搬到线上去，那就是同时把这种物理条件上的制约也带了过去。然而原本数字世界的存在是为了创造出更加理想的状态，以数字为起点能让我们进行更加自由的思考。这也就是为什么说"企业要以后数字时代的方式思考，要以数字世界为起点开展经营活动"，因为只有这样做，最终顾客的选择自由度与便捷性等种种客户体验的品质才会实现质的飞跃。

附近有餐饮店就直接去光顾，没有时间的话就网上买东西。不去医院也可以线上问诊后收到派送过来的药品，经常运动的信息被保险公司共享后保险费还能变便宜。只要我认真生活、按时付费、平日品行端正，不用费力向别人证明，大家都能知道我是一个值得信赖的人。这些虽然听起来有点像未来世界，但那些抱着"以数字体验为基准进行思考"的共同观念的、走在数字化前沿的弄潮儿们正在将其一一变为现实。通过向每位顾客提供"最适合的便捷体验"，我们又会进一步积累新的行为数据。这样一来，顾客会发现"对方总是推荐适合我的东西"

"对方总是在最合适的时机联系我",反过来又进一步提升了顾客体验的品质。以上这一切的根本在于用后数字时代的方式来认识社会的现状,用 OMO 型的商业思维来进行思考。

打造 OMO 时应该如何思考:RPG 型世界观的经济

到此为止,我们已经为大家展示了什么是 OMO,OMO 的重要性又在哪里。接下来,我想介绍一下思考的诀窍。事实上 OMO 型商业模式与 RPG[①] 游戏的构造非常类似。

我们可以发现,很多获得成功的 OMO 型商业模式存在一个共同点——"设计了像游戏一样的鼓励机制"。由于笔者(藤井)本人是"勇者斗恶龙[②]"的超级粉丝,所以时常在思考一个问题,"我们打倒史莱姆(注:游戏中的怪兽)的时候知道可以涨多少经验值,也知道再有多少经验值可以升级,走过毒沼泽地时我们每一步都会受到伤害,在游戏里面什么都是可视化的,这可真是一个简单轻松的世界呀……"。

这里我想请大家回想一下第 1 章中我们提到的网约车公司"滴滴"。前文中我们已经说过,滴滴是从以下三个方面收集数据,对司机服务的好坏进行评价的:

- 是否能快速响应订单。
- 是否能迅速接到用户。

---

① Role-playing game 的缩写,指角色扮演游戏。——编者注
② 日本艾尼克斯公司出品的 RPG 游戏。——译者注

- 是否将用户迅速、安全、正确地送到目的地。

滴滴要求司机必须在服务过程中打开专用 APP，以便滴滴收集"行驶速度与安全性"相关数据对司机进行评分，因为这些是"影响乘客乘车体验满意度"的关键因素。而滴滴的司机只要根据滴滴的规则好好努力，不但工资上涨，还能得到社会的信赖（见图 2-7）。

图 2-7　滴滴司机专用 APP 界面

这完全就像一个存在于真实世界的 AR 型在线 RPG 游戏了，我们把滴滴司机专用 APP 中的规定换个说法可能更容易明白。

- 每次任务结束后会被评分，累积一定的经验值。
- 通过晋级考试后可以升级。
- APP 中的地图显示了旅馆（加油站、EV 充电站与洗手间）等信息。

- 可以与其他人分享讨论驾驶中的趣事。

从前，出租车的服务品质很难进行可视化评价，更别说进行数据的累积。然而，进入后数字时代之后，由于环境随时接入网络，所有的行为都可以进行评分，就像我们在游戏中"打倒史莱姆就能增加 2 个经验值"一样。现在由于优步在日本也逐渐普及，我听说日本还有专门的优步司机"攻略网站"，大家都上攻略网站去寻找窍门以便更快地提高分数。

我在中国使用外卖服务的时候，曾经打开一个很有名的外卖 APP 观察过外卖骑手的活动，十分有意思。看地图你以为骑手马上就要到了，结果不一会儿又跑到了更远的地方，在附近来来回回溜达。这是因为每一单外卖都有时间限制，为了在预定时间内到达，他们每一次会同时取多单外卖进行派送。也就是说，"在一定的时间内，送得越多赚得也越多"，这些外卖骑手其实是使用真实世界的地图在玩赚钱游戏。

个人健康 APP 或运动类 APP 也是一个道理。比如说有家公司叫 Discover，他们提供了一项称作 Vitality 项目的保险服务。这个 Vitality 项目中，用户需要完成一些游戏小任务，比如走多少步或者跑多远等，如果用户成功完成了小任务会得到奖励，例如一杯星巴克咖啡赠饮券等。而且，如果用户得到"恭喜您变得健康了"这个评价，还能获得保费的减免。

人类所有的行为都能够可视化，我们的努力会化作分数体现，并获得某种报酬。如果考虑到未来数字世界将全面覆盖现实世界，这样的思考方式也就理所当然了。可能到了那个时候，我们都成了数字世界的居民，只能从数字世界里眺望现实的世界吧。

2-6 OMO 商业模式的未来：同行企业，紧密相连，理所当然

当今中国，要说哪些中国企业最有影响力，就不能不提拥有复合型金融平台支付宝的阿里巴巴与腾讯了。我们之前案例中的那些公司，几乎全部都加入了这两强的阵营。在中国人们经常用"阿里系""腾讯系"等提法来表示这个公司加入的是哪家阵营。

比如说共享单车，ofo 是阿里系，而摩拜是腾讯系；再比如说外卖，饿了么属于阿里系，而美团外卖是属于腾讯系。阿里巴巴与腾讯两大公司已经构建出全方位支持用户生活的生态系统，同时持有与用户 ID 相关联的各种行为数据。有了这些数据，阿里巴巴与腾讯这两大公司就能开展各式各样的商业活动。

阿里巴巴经济圈的核心——以 UX 为中心的数据生态系统

阿里巴巴与腾讯虽被并称两大科技巨头，但在 UX（用户体验）这一块，阿里巴巴取得了压倒性的胜利。UX 与生态系统的打造息息相关，而在后数字时代建立完整的生态系统十分关键。

我们在拜访腾讯的时候曾经发生了这样一个故事。当时，我们与腾讯的负责人正在讨论腾讯的收入构成中 B2B 服务收入所占的比例，对方突然说道："我们不太善于构建生态系统，因此 B2B 服务收入所占的比例偏低。"腾讯贵为中国两大科技巨头之一，连京东和美团都属于腾讯的旗下，而就是这样一个超级大公司的腾讯，居然说出"我们不太善于构建生态系统"，我开始完全无法理解对方所说的含义。然而，当我拜访了阿里巴巴之后，我终于知道为什么腾讯的负责人会这么说了。阿里巴巴一直致力于打造自己的生态系统，所以十分明确地提出了"为创造生态系统服务的 UX 方法论"。然而腾讯在这一方面建树不多，即使直接询问对方有何策略，腾讯给出的回答也都是一些自下而上的基层推进策略。

在日本，大家普遍认为 UX 是属于"市场营销的一部分"。为什么思考 UX 的团队会由此联想到构建生态系统的方法论上去，相信很多人都会有疑问。然而，我们必须认识到现在已经进入"行为数据 × 用户体验"的时代。后数字时代中存在大量的用户行为数据，需要充分分析挖掘这些数据的价值。因此，中国顶级企业必定会重视"用户体验"的价值，而正因为他们不断对"用户体验"进行优化，才能获得这么多用户的支持，这一点也令他们十分自豪。马云和马化腾作为公司领军人物也是一样的想法。

今后，如果客户触点数据迅速扩大，企业之间的竞争原则就会发生改变，就会变成"怎样运用每个客户触点的行为数据创造更好的用户体验，使用户从一个客户触点移动到公司下一个客户触点,提高公司服务的客户旅程的用户黏度"。如果公司的目标是提高用户黏度,想要收集用户更全面的数据,就会收购一些"体验价值很高同时也拥有大量用户,然后难以变现"的服务,把这些服务也纳入自己公司的经济圈。可以说共享单车就是一个很好的例子。公司的经济圈内,既包含了负责获取数据的业务,又包含了负责赚钱的业务,种种业务通过共享数据形成了公司经济圈,提高了整体的用户黏度,这就是所谓的"数据生态系统"。

平台 UX 将 to B 与 to C 串联了起来

作为第 2 章的总结,最后我想谈一下阿里巴巴的例子。阿里巴巴作为行业领军企业,正引领着 OMO 的发展,可以说是后数字时代的一个"未来的范本"。现在的阿里巴巴,已将数据生态系统的建构方法与管理方法进行了系统化整理,他们在数字化进程中所处的阶段其实已经远远超出了本书的讨论范围。但是由于日本将来同样需要构建"数据生态系统",所以我想在这里介绍一下走在最前面的阿里巴巴人是如何进行思考的。笔者二人(尾原与藤井)在 2017 年 12 月拜访了阿里巴巴 UED(User Experience Design,用户体验设计)大学当时的校长,他解释道,阿里巴巴是围绕"整体体验"来打造数据生态系统的。

2017 年 12 月我们访问了阿里巴巴。由于藤井所属的 beBit 公司是一家专注用户体验设计 18 年的公司,当时我们是以一种专家的姿态去访问的。访问时 UED 大学当时的校长说道:"接下来我将为大家介绍我们公司思考的'UX 五阶段'。"我记得我们还一副居高临下的样子,好像在说:"是吗?很有意思,那就听听看吧。"

"我们过去只会用设计的观点来考虑 UX。2008 年之前,我们的设计思考团队成员,都来自视觉设计或 UI 等设计领域。比如说,用户怎么看待这个设计?这项服务用起来是否方便?可用性上的问题是否会导致机会流失?我们过去考虑的都是这样的问题。而到了 2009 年,我们认识到光这样考虑是不够的,所以重建了设计思考团队,把商业、设计、技术三要素全部纳入我们的'设计思考'当中来,而且占有同等重要的位置。我们认为在这三个领域,都要具备设计思考的思维。这就是我们的第一阶段'渗透'(Penetration)。"(见图 2-8)

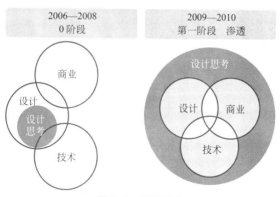

图 2-8　渗透阶段

听了这话,我(藤井)有些惊讶:"啊?这才是五个阶段的第一阶段吗?"因为在我的观念里,真正的 UX 就应该是这种形态。UX 不应停留在表面的 UI 设计上,而应当与商业的视角及技术的视角进行融合。没想到,这才是阿里巴巴的第一阶段,而且已经是他们10年前的思考方式了。即使到现在,日本也有很多UX设计并没有充分考虑这三者的融合。

"到了第二阶段,我们在第一阶段所说的商业、设计、技术三个领域,进一步打磨卖家的用户设计。我们将这一阶段称为'扩散'(Diffusion)。

"我们是商场型的电子商务交易平台。所以不光是要让to B面向买家的用户体验更加便捷,同时也要考虑卖家——也就是中小企业的需求,比如他们的销售、CRM、宣传等工作的哪些部分可以数字化,我们也要思考如何设计卖家的用户体验,这一点非常关键。这个阶段同手机移动终端开始大量普及的时点正好重合。

"由于我们要同时考虑to B与to C两方面的需求,所以我们打造出的UX是一个B to B to C的平台。这就是我们在2012年至2015年之间的一个方法论。"(见图2-9)

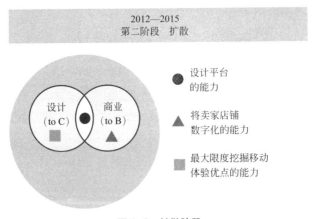

图2-9 扩散阶段

对方的这番说明让我理解了第二阶段的意思——"为了支持中小企业的数字化转型,阿里巴巴打造出了一个面向平台的UX"。我开始有些激动,心里暗想:"要做到这一点已经相当困难了……结果这才是第二阶段?"

互联网思维整合线下

接下来的第三阶段在2015~2017年之间。这段时期阿里巴巴的做法产生了巨大影响并取得了迅速的发展。

"2015年以后我们进入了第三阶段,这一阶段我们称为'演化'(Evolution),也就是像新零售(New Retaling)一样的东西。因为电商是我们阿里巴巴的主营业务,所以我们认为如果把电商或线上服务的思维,运用到现有的零售业等实体经济当中,并对其进行重建,一定能创造出新的价值。

"而重建后的新经济是以互联网为依托,周围的商业活动会串联起来。比如说不但打通了电商、超市、外卖的连接通道,同时阿里巴巴的AI音箱天猫精灵也被串联起来。

"当这一切都有机地融合到一起之后,阿里巴巴就形成了一个自己的生态系统,里面有大大小小不同的企业。过去电商是电商,超市是超市,各项业务都比较孤立且渠道单一。而建立了生态圈以后,现在这些参与者都能享受到更多的好处。"(见图2-10)

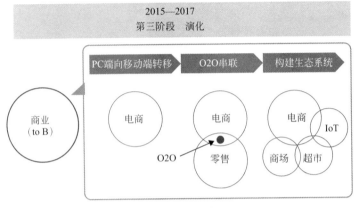

图 2-10　演化阶段

在这里，对方提到只有用互联网思维对以往的经济进行整合，才能构建出生态系统。这与我们前文所说的 OMO 完全是不谋而合。

笔者认为，OMO 的思维方式对传统的日本企业来说尤为重要。因为传统的日本企业对自己的产品或服务一直引以为豪。造成很多企业过于重视现有的线下资产，想把数字化仅仅当作一个"附加价值"加以采用。然而数字化并不是一个附加价值，反而却是未来经济活动的基础，"应该把数字世界当作起点"来考虑问题，阿里巴巴想向我们传达这样一个事实。

第四阶段如下所示。

"打造出这样一个生态系统之后，现实世界中客户触点的数据也会不断积累，这样我们就能收集到海量的数据。这些数据可以用来为社会做贡献，也可以用于新技术的开发，进一步促进数据生态系统的升级。这就是我们的第四阶段，这一阶段我们称之为'数据驱动'。

"阿里巴巴下设达摩院（DAMO），也就是像谷歌的 Google X 一样的研究机构。收集到的数据可以用于达摩院的 AI 开发。另外，从芝麻信用获取用户 ID 信息，通过将用户信用度进行可视化处理，还可以帮助商业交易活动顺利进行。除了消费数据以外，交通数据或健康信息等数据都可以用来建设智慧城市。"（见图 2-11）

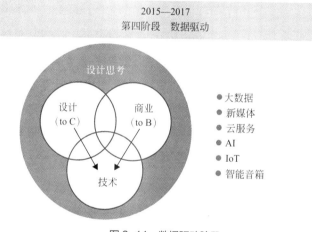

图 2-11　数据驱动阶段

虽然当时我不太明白，但现在回想起来，其实我们可以发现阿里巴巴的 OMO 型超市——盒马正处于第四阶段的重要节点之上。正如前文所说"盒马决定在某地开店时，就几乎完全有胜算了"。所以其实盒马的成功，并不是因为它实行了线上经营，而是因为它的背后已经构建了一套完整的数据生态系统，并不是说只要融合了线上线下就能获得成功。

Holistic Experience = 使用 NPS 的所有利益相关方的体验管理

本来我们的会谈是从 UX 开始的，结果现在已经开始讨论如何兼顾社会贡献与经济生态圈这种高层次的问题。我带着期待与紧张，继续听了下去。

"第五阶段我们称为'整体体验'（Holistic Experience），也就是作为一个整体的体验。里面包含两个意思。第一个意思是在我们将设计、商业、技术作为一个融合体进行思考，这一点我们已经在第一阶段的时候讲过了，并在此基础上考虑七要素的平衡体验。（见图 2-12）

- 潮流
- 操作
- 表现
- 数据
- 功能
- 竞争优势
- 舆论

"第二个意思呢，是指我们使用 NPS（Net Promoter Score 净推荐值。不是衡量顾客是否满意，而是衡量顾客满意的同时是否产生了积极情绪，是否产生了忠诚度的指标）指标来观察这个生态系统是否实现了可持续发展。

"我们在运营生态系统时，必须注意是否平衡了各相关利益方的需求。因为就算 to C 的 NPS 是 10，但 to B 的 NPS 是 2 的话，这个系统也无法正常运转。而就算这两者的 NPS 都是 10，而阿里巴巴职员的 NPS 只有 2，或是使用数据的行政人员的 NPS 只有 2，这个系统也是不健全的。我们使用 NPS 指标，目标是让所有相关利益方都能实现一个双赢的状态。"

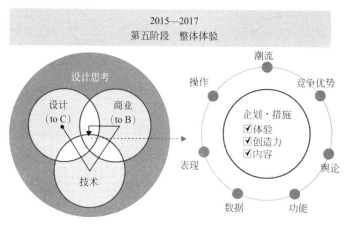

图 2-12　整体体验阶段

对方的这番话令我哑口无言，因为我们 beBit 公司在日本和中国都出版过 NPS 的相关著作，自以为没有人比我们更了解 NPS 了，没想到阿里巴巴竟然把 NPS 理论中的理想状态变成了现实。另外，在后来平安保险集团的 NPS 经营中我也看到了类似的现象，让人不得不感叹："中国企业竟然能做到这一步"（这一点在第 4 章我们会详细展开论述）。阿里巴巴并非纸上谈兵，他们的盒马也好，芝麻信用也好，这些业务组合让我们真切地感觉到"阿里巴巴在脚踏实地地实践着 NPS 理论"。

日本需要打造的是——"生态系统 ×OMO"

对一般的日本企业而言，阿里巴巴五个阶段的哪一个阶段最具有参考价值呢？笔者认为应该是其第三阶段——演化。

最近，日本好不容易也在开始形成生态系统了，正如阿里巴巴所说，"把线上思维运用到现有的实体经济当中，并对其进行重建，不但可以构建出企业自己的生态系统，同时也会给各利益相关方带来更大的好处"。如果企业在第三阶段发展顺利，紧接着就会进入第四阶段。到那时，随着数据的充分运用，企业的整个生态系统会不断产生出综合价值。作为企业界人士，我们必须看准未来时代的发展方向，认识到未来"单靠自己一个公司（一个部门）拉拢顾客也不会有更大的发展"，做出正确的战略判断。

阿里巴巴的第四阶段与第五阶段，则对立志成为支付平台企业的大型玩家来说具有重要的参考价值。正如我们开头写到的，为了达到全方位地收集数据的目的，阿里巴巴也收购了一些还无法变现的服务。这是因为必须考虑到平台所有利益相关方的关系与激励的缘故。完成收购之后，还应该明确各个市场参与者的定位并进行构造分析，再来考虑如何将收购业务变现，或是判断其只要有整体上的价值就可以承受一定亏损。

海外的科技巨人们已经用实践为我们展示了实验结果，我们应该积极地进行学习，思考如何将其本地化发展。他们的做法能为我们带来十分有益的参考。

第3章

训练你的"后数字"思维

3-1 保护 vs 共享——围绕数据处理方式的各种讨论

前面两章，我们介绍了世界正在发生的变化，并重新从商业的角度对这种变化进行了思考。但是我们也非常清楚，"后数字"也好，OMO 也好，都是新生的概念与思维方式，读者就算读懂了书上的意思，也很难马上切换成这样的思维。

因此，本章重点列举了"切换成后数字思维时需要重视的问题"，用"后数字思维对原来的价值观重新进行审视"，并以此为切入点探讨全球各种事例。这既是一种思维训练，同时也可以帮助我们加深理解。

看了第 1 章和第 2 章中的中国的例子，很多日本读者可能会发出这样的感叹："居然可以把数据的价值利用到这个地步。""中国是社会主义国家，所以他们能够做到。"为了解决大家的疑惑，首先我们来谈谈"数据处理方式"这个话题吧。

现在是 2019 年，围绕个人信息与数据的处理方式这个问题，在全世界展开了各种讨论。其中心议题就是——**数据究竟**

是公共财产还是个人的私有财产，围绕数据的定义问题，人们的意见产生了分歧。

在个人主义盛行的欧洲，把保护个人数据与个人隐私视为基本的人权之一，个人的数据隐私受到欧盟宪法的保护。2018年5月开始，欧盟针对收集个人数据企业的"GDPR"（General Data Protection Regulation，通用数据保护条例）开始施行。在欧盟成员国以及包括31个国家的欧洲经济区（European Economic Area，EEA）全境内，所有个人相关数据都是保护对象。根据该条例，用户有权要求企业或团体组织删除数据，有权反对对个人信息进行分析。同时，该条例要求所有储存或处理欧盟公民个人信息的公司，无论该公司在欧盟境内是否有业务存在，都必须遵守GDPR，加强数据安全保护体制。

无论国籍与属地，包括在欧洲经济区短期停留的出差人士与旅行者也同样适用该条例。同时，GDPR不光适用于欧盟，也适用于所有与欧盟各国企业有生意来往的欧盟境外的企业，这就几乎等于适用于所有与欧盟有生意来往的国家。如果不遵守GDPR的规定，最高可处以2000万欧元或公司上一年全球年营业额4%的罚款，以较高者为准。现在也有其他国家，沿用GDPR的规定设立了本国的个人隐私保护规则。但是，由于GDPR规则导入的成本过高，在发展中国家也有反对的声音，认为这是"以数据保护之名的帝国主义行径"。欧洲的城邦非常发达，普遍存在地方分权而且相互独立，笔者认为GDPR的出炉与这样的文化背景有很大的关系。

而与此相对的是中国。在中国，"公民提供数据，国家为公民统一进行管理使用"的想法在中国是理所当然的。中国有 14 亿公民，如果每个人都提供了数据，就会形成一个庞大的数据库，AI 技术也会由此得到迅猛提升。在中国，"提供数据，能让我们的生活更加美好，让我们的国家更加美好"的想法已经在每个人心中生根发芽。

阿里巴巴推进智慧城市项目的负责人曾说过这样的话：

"在城市规划上，**数据就是资源，是与水和电一样重要的基础设施**。所以，如果大家不提供数据，不充分使用数据，那我们的城市就无法升级。有水的城市与没水的城市，有电的城市与没电的城市，建造方法可是完全不一样的。数据与水和电是一个道理。我们认为必须把数据看作公共资源，以此来设计城市与社会。"

土地曾经是财富的象征。现在这个时代，数据比土地更能催生财富与利润，所以自然而然地，数据也会被看作是与土地一样的公共财产，"公民把数据出借给国家，国家通过对数据进行高效利用，为公民谋取福利，国家整体也能因此变得更加繁荣富足"。

"开放"与"保护"并行的欧洲

那 GPPR 的出现，是否只是出于伦理方面的理由，又是否会因此妨碍科技的进步与社会实践呢？笔者认为不能这样单纯地去理解，而是要看到它不同的侧面。为了便于理解，我们来看 GDPR 是怎么诞生的吧。

GDPR 诞生之前，英国就已经开始实施"银行账户信息数据的可携权"，而且成为惯例。大家还记得日本刚开始"携号转网"时的事吗？当时由于无须改变手机号码，就能转成另一家公司的用户，各大移动运营商竞争激烈，纷纷调低了手机资费来吸引用户进网。英国就是在银行实行了类似制度的改革，结果一年间有近 110 万个账户换了另外的银行。

日本的"手机信息数据的可携权"包括三类对象："电话号码""邮件地址""APP 应用程序"。尤其是最后一个 APP 应用程序，随着日本"手机信息数据的可携权"的实施，从此 APP 下载以后并不需要依托某个运营商，用户转投其他运营商以后一样可以使用 APP 和里面的数据。比如说，用户原来是软银公司的用户，转到 NTT DoCoMo 公司以后马上可以使用 LINE 来聊天，里面的数据也能迁移。所以这样一来，换运营商变得容易多了。

那换银行会怎么样呢？我们可以联想一下日本的情形。如果我们要换银行，那账户平时关联的自动生活缴费也好，信用卡还款也好，都必须重新进行设定。一想到这么麻烦，就算银行的服务很差，我们一般都会忍着继续使用。但是在英国，类似的账户设定全部规定为银行一方的责任。用户进行账户迁移时，原开户行有义务把所有信息提供给下一家银行。随着"银行账户信息数据的可携权"的实施，用户可以更方便地换到提供更好服务的银行，银行之间能更加公平地进行竞争，也会大幅度提高银行的服务质量。这一切其实也要归功于技术的进步。

随着技术的进步，服务得到改善，数据也进一步得到流动。这样一来，有些人就开始打起了数据的主意，想要利用数据做坏事。为了防止滥用数据，保护个人数据安全，多国都出台了个人数据保护条例，GDPR 就是在这种大环境中应运而生的。如果我们只看新闻或媒体的报道，会误以为 GDPR 主要是为了防范风险，重在监管与保护，但实际上这只是它的一个方面。**GDPR 的出台不仅仅是为了保护信息数据安全，同时为了促进新技术与新服务的发展，GDPR 也"开放"了部分监管。只有理解了这一点，我们才能理解 GDPR 的本质。**

算法的公平性

积累了大量数据以后，很多企业就想把数据全部交给 AI 处理。有人认为，"全部交给 AI 处理"这种思考方式本身就蕴含了危险。

美国有家叫"柠檬水公司"（Lemonade Inc）的汽车保险公司。这个公司获取了用户的驾驶数据后，会通过一个系统来分析该用户的驾驶行为。如果经常踩刹车，转弯的时候驾驶粗暴，用户就会被扣分，当扣分达到一定程度时，用户的汽车保费就会上涨。过去，不管用户是安全驾驶还是危险驾驶，保费金额都一样。然而柠檬水公司通过分析用户的驾驶数据后，对安全驾驶的用户采取降低保费的措施，对无法保证安全驾驶的用户则提高了保费。

这样一来会发生什么呢？既然安全驾驶就能降低保费，那平时注意开车安全的人逐渐都会投向这家公司参保吧。而其他保险公司肯定也不愿被抢走客户，最终所有的公司都会采取这套保费测算系统。这里我想请大家注意的是，这里的保费是由AI分析个人数据之后决定的。如果有的驾驶员虽然驾驶粗暴但不会出事故，有的驾驶员是因为前方有坠落物踩了急刹车，AI的算法无法对这些行为进行具体判断，很可能只会一律进行扣分。结果一旦用户被打了低分，就会被迫缴纳更高的费用，甚至不合情理地陷入贫困。另一方面，有的用户虽然一直安全驾驶，但并不愿意把自己出行的个人隐私数据交给保险公司。如果保险公司的保费测算系统是基于行驶数据，那不向保险公司提交行驶数据就无法得到公正的评价，用户也会被迫支付高额保费。

正是出于个人信息保护与个人隐私安全的考虑，欧洲议会对类似这样的"用户丧失了选择权"的例子提出了质疑。

"算法的公平"

有人担心，如果未来的体制是完全基于各种数据来对个人信用进行评分，同时在租赁合同的审查或融资审查、工作入职时都依照评分来进行，那么很可能会产生一个新型的贫困阶层，也就是庆应义塾大学的山本龙彦所说的"数字贫困"阶层。如果用算法来对所有用户进行评分，就算法本身来说，必然一开始就设定了什么是"好用户"，什么是"坏用户"，这样会带来非常严重的后果。因为用户本人并不清楚自己为何会陷入贫困，因为所有的一切都是 AI 算法的结果。如果用户不知道自己陷入贫困的理由，也自然无法"脱贫"。因此，围绕如何纠正这种算法带来的畸形后果，欧洲现在正在对"算法的公平"问题进行广泛的讨论。

一部分交给 AI 反而会更加公平

2018 年，位于中国浙江省杭州市的杭州市第十一中学，在课堂中引入一项"黑科技"后引起了社会热议。这项"黑科技"能用 AI 识别并分析课堂上学生的面部表情。

设置在黑板上的三台摄像机监控着整个教室，系统不但可以用人脸识别系统迅速完成点名，还可以对学生上课的各种表情进行分析，把学生表情分为"平静""高兴""悲伤""失落""愤怒""害怕""震惊"七种状态。系统还能通过数据分析出课堂中哪些学生在认真听讲，哪些学生没有认真学习。这样一来，老师可以通过查看系统客观地审视自己的教学情况。这可以避免老师受自己的主观影响，只看到眼前关注的学生。

对此，有很多反对的声音。有的人认为："对学生上课实行全监控，会给孩子带来压力，影响孩子的身心健康。"也有的人质问:"这不是侵犯孩子的个人隐私吗?"但也有人表示支持,认为引入"智慧课堂管理系统"(EdTech)后,未来收集的数据能帮助改善教学效果。

就算不靠 AI 帮忙,相信每个老师也在一边观察学生的面部表情一边上课。老师观察学生的表情,就知道"这个学生好像没有理解。这个学生好像理解了,好,我来问问看"。不过,老师也是人,有的时候对学生的表情或反应也会看漏和看错。所以现在也有这样的看法——与其全部让老师负责,还不如把一部分工作交给 AI,这样不是反而更能体现公平吗?因此,有的家长并没有轻易反对说"怎么能收集我孩子的数据呢",反而表示支持,认为"如果不把数据变成公共财产,教学效果反而无法改善"。

"数据到底是公共财产还是私有财产?"这个问题并没有一个简单的答案。未来随着社会的发展方向与技术的进步,必定会进一步挖掘数据的使用价值,关键是要明确使用数据前怎样进行授权以及确定授权的范围。欧洲对此的态度是:一旦放开数据监管就无法挽回,因此必须慎重考虑放开监管的危险性,并认真评估其正面与负面的影响。在此基础上,推行"善"的一面,对"恶"的一面要好好讨论并采取相应对策。对于欧洲的这种做法,笔者认为我们不能简单地加以否定,认为"欧洲反正就是保护主义盛行,什么都要反对"。但与此同时,我们更应该看到新科技与社会的蓬勃发展,只有在"保护"与"放开"之间找到一个平衡点,才能让我们的时代开拓向前。

3-2 "宝贵的客户触点"更具有价值的时代

我们在第 2 章提到过,"在后数字时代,现实世界的渠道反而可以成为'与客户私下沟通的宝贵的客户触点',企业需要在此提供更高的客户体验价值与情感价值",接下来的本小节将就此进行具体的分析说明。

这里我想以全球最大规模的星巴克旗舰店——"上海星巴克臻选烘焙工坊"为例进行说明。"上海星巴克臻选烘焙工坊"的案例非常具有代表性,现在已成为上海旅游的新晋网红景点之一。星巴克臻选烘焙工坊是星巴克的高级概念店,店内不光能喝咖啡,同时设有巨大的烘焙工厂,自 2014 年 1 号店在美国西雅图建成以来,2017 年在中国上海,接着在意大利米兰、美国纽约相继登场,2019 年在日本东京中目黑开出第五家旗舰店。日本的旗舰店与建筑家隈研吾跨界合作,据说不但是首个由隈研吾从零开始打造的烘焙工坊建筑,同时该旗舰店还导入了"优食"外卖系统,施行了"手机点餐支付"等数字化措施,方便顾客用手机点餐,不用排队就能直接自提订单商品。

星巴克为什么要在世界各国打造如此高级别、大规模的旗舰店呢？究其原因，是由于现在任何商品都能在网上订购，在网上买东西比去店里方便多了，所以顾客已经没有必要特意跑到实体店里面去了。

所以"上海星巴克臻选烘焙工坊"被打造成了一个咖啡工厂店，顾客进到里面就好像进入了一个咖啡烘焙工坊一样，这种特别的体验能全方位刺激顾客的感官。上海的星巴克臻选烘焙工坊进行了全方位的空间设计，打造了一个开放式的空间，不但具有极高的"颜值"，也精心设计了很多小机关，让顾客意识到照片无法完全传达这家店的魅力，只有到店里进行亲身体验才行。

顾客一进入店内，眼前就会出现一个庞然大物——快顶到二楼天花板的一个巨型烘豆机，而在烘豆机的旁边就是咖啡吧。店内设置了四个区域，一楼设有可以享受意式咖啡等经典咖啡饮品的主咖啡吧，还有滴漏式咖啡吧台。二楼一上去的转角就是提供红茶绿茶饮品的茶瓦纳吧台，里面的吧台则提供各种咖啡创意饮品（像鸡尾酒一样的各种特调咖啡）。仰起头来，顾客就会看到生豆正被管道传送系统送往天花板，仿佛"身临其境"在咖啡工坊里一般。巨型烘豆机里装着来自世界各地的咖啡，不时传出咖啡豆烘焙的声音，咖啡豆隐藏的风味也在店内四处弥漫开来，引人遐想。此外，店里面还经常举办活动，星巴克的咖啡师与烘焙师会举行店内咖啡讲座，为大家普及咖啡的相关知识。可以说，星巴克臻选烘焙工坊完全是基于"为顾客提供最极致的咖啡体验"这个理念打造而成。

中国现在"只要有手机什么都能买到",所以根本没有必要走出家门,大家都不去商场了。所以中国的商家使出了浑身解数,想让大家重新走到外面来。例如打造全方位的精致空间,或是开展限时体验活动,或是推出体验型店铺以及快闪店,这些都成了潮流。而星巴克可以算是其中的一个成功案例。我个人感觉,近年像星巴克这样类型的店铺在不断增多,它们很多像主题公园一样,提供 360 度的全方位体验,需要顾客调动全身感官享受服务。其实,盒马的"新娱乐"也是在这股潮流中诞生的产物。

"特别的体验能让人走向户外",可穿戴设备相机制造商推出的 GoPro 就成功带动了冲浪人士的增长。GoPro 的推出,可以让人们在冲浪时拍出极富冲击力的影像。这些影像上传 YouTube 后经过进一步的传播,看到这些影像的人受到吸引,都想"亲自去体验一把",从而真的开始学习冲浪。为了满足顾客想要向人炫耀的心理需求,如果能为其提供差异化的服务体验,就能加强与顾客的联系。

在社交媒体为王的时代,忍不住想与人分享的新奇体验成为"硬通货"。不用做什么特别的事情,只要体验够新奇就一定会在社交媒体上疯传。网上流传的这些碎片化信息又刺激了观众,有的就会亲自跑到当地去进行 360 度全方位的、刺激所有感官的体验,并记录下来传到网上。周而复始,这些信息又会吸引下一波来访者。这样一来,来访者就变成了粉丝,品牌价值也随之上涨,就算不去做广告宣传,顾客也会不断增多。所以商家应该花大力气投资基础设施的建设，为顾客提供更加新奇的沉浸式体验，这要比白白浪费每个月的广告费合算得多。

"自助收银台本身并无太大价值"——什么是其真正的目的？

现在，"无人便利店、自助收银机"在全世界范围内流行起来，引起了各种热议。既然重视顾客体验的线下实体门店成为潮流，那为什么无人便利店也同时在增多呢？冷静思考一下我们会发现，其实便利店收银的无人化并不会产生什么很大的影响。便利店每天都在进新货，而且经常举行各类促销活动，追求的是"每天都在变的新鲜感"，所以其实库存管理的相关作业要占到整个作业量的八成左右，就算实现了无人收银，也削减不了多少成本。

到现在为止，中国已经诞生了无数个无人门店，但大多均已倒闭。对"无人"这项大规模的社会实验中胜出的企业，如果我们仔细观察，就会发现它们有一些共同点，那就是虽然收银"无人"，但是店里"有人"。店员们如果不收银，那在干什么呢？原来他们要么在制作简餐，要么为顾客提供导购，帮助顾客寻找所需的货品，要么与顾客进行交流。总而言之，店员们其实是在提供更加细致入微的服务。

正如我们在第2章中介绍过的，中国城市里的咖啡小店数量越来越多，几乎都是用移动支付的方式扫二维码来结账。移动支付与现金支付最大的不同在于可以瞬间完成支付行为，让人几乎感觉不到这个过程。如果大家不再把注意力放在支付这个行为上面，那咖啡小店就不再是过去那个"去买咖啡的那个小店"，而变成了"为人爽快的小哥帮我做咖啡的地方"。过去交易时的对话总是同一个模子：店主说"意式咖啡18块钱"，顾客就掏出18块钱买单。而移动支付普及以后，店主就可以轻松地跟顾客打招呼"早上好，今天喝点什么呀？"，或者向顾客推荐咖啡豆，聊聊天气，店主会与顾客进行更多的交流。

一说到"无人化"，大家的印象都是服务全变成了机械化的感觉。然而，实际上只有**提供与员工更多交流的机会，以及提供更人性化服务**的市场参与者才能最后胜出。因此，我认为，现实世界店铺中的客户触点的价值也会发生很大改变。

推特的共同创始人之一，同时也是移动支付公司"Square"创始人的杰克·多西（Jack Dorsey）把这种现象称为"简化世界"。多西认为："支付这件事情，对商品的销售方与购买方来说都是被迫进行的行为。如果能将支付行为进行简化或让其隐身，购物行为就能回归到人与人之间的交流本身，回到故事的交换上来，就能瞬间把买卖双方的意识串联起来。"

星巴克导入"Square"公司提供的人脸识别电子支付系统后，据说终于真正实现了"第三空间"的理念。"第三空间"是星巴克的企业理念。星巴克把星巴克的门店称为"第三空间"。第三空间与家庭（第一空间）、职场（第二空间）不同，在这里不但提供美味的咖啡与店员热情的服务，同时店里空气中弥漫着的咖啡香气、美妙的音乐、令人放松的氛围，共同营造出了一种让人舒适的感受，这就是所谓的"星巴克体验"。

星巴克并不只向顾客提供咖啡这种商品，而是想提供一种综合的"星巴克体验"。现在这个时代，7 块钱就能喝到一杯咖啡。然而星巴克关注的不光是提供咖啡"好喝"这个"功能性的价值"，更要提供一种体验，以及通过这种体验在社交媒体上形成的"情感价值"与"关系价值"。

从这个意义上来看，"拿铁咖啡是 26 元""收您 30 元，这是您的找零 4 元，请拿好"，在星巴克的收银台前的这些对话，恐怕确实会妨碍顾客享受第三空间的舒适氛围。如果采用人脸识别进行电子支付，不但可以迅速完成支付行为，店员还可以根据客户以往的点餐历史进行合适的推荐："客人平时好像喜欢喝深烘焙咖啡吧，今天正好有很棒的阿拉比卡豆哦。"这样一来，也能让店员专注于提供更好的服务。支付对买卖双方来说都是麻烦事，把这个过程的时间缩短或者省略，才能真正实现"宝贵的客户体验"。

现在，性能再好的产品也能被轻易模仿，光靠功能上的价值已经很难实现差异化。但是，体验却难以复制，为了创造他人无法复制的体验，我们必须注意要提供"畅通无阻"的服务体验。

数字化与"人性化服务"的进化

在店铺中，有人参与的服务作为更加"优越"的客户触点，可以发挥更大的作用，例如教育领域的个人指导与私人咨询（第 2 章里的所说的高接触型）都在此列。这些个人指导或私人咨询有了更多的体验价值，与客户也有更多的交流。这一切自然都源于数字技术的进步。同时科技发展带来了一个看似矛盾的新现象——"越机械化越人性化"，最典型的例子就是"可汗学院"，可汗学院是一家创立于 2006 年的非营利性教育机构。可汗学院在 YouTube 上开设了各种各样的教育科学讲座，并在自己运营的网站上免费提供配套习题，还为教育工作者免费提供配套教学工具。

"可汗学院"的创始人萨尔曼·可汗称："用 YouTube 来进行教育更能实现教育的人性化。"为什么这么说呢？因为通过机器来进行教育，虽然表面上看来是冷冰冰的毫无人性的，但如果我们考虑到课堂中的实际情况会发现，有的时候反而确实是跟着机器学习更人性化一点。因为在教室里上课时，一名老师要同时面对多名同学进行教学，无法按照每个学生的进度开展工作。有的学生跟不上进度，但怕耽误其他同学，不好意思直接跟老师说"老师，这里我没听懂，请给我讲讲"。反过来，对于理解快的同学来说，老师进度太慢，虽然心里想着"如果是动画的话，我就可以快进了"，但又不得不继续听下去。另外，如果老师身体不好或心情不好，面对学生时有时候就不能尽善尽美。但是，如果是在 YouTube 上上课，学生就可以根据自己的速度来进行学习，不懂的地方也能反复多看几遍。

可汗提出的方案是，学生首先在家里通过 YouTube 观看教学视频进行预习，到了学校后，同学们就没懂的问题一起讨论，或者向老师提问。有专家认为可汗的这种教学方式更有效果，也会改变传统学校教育的方式。

可汗宣称"用 YouTube 来进行教育更能实现教育的人性化"，其实指的是，在教育领域导入 IT 技术后，能够一对一地对学生实行有针对性的辅导，与以前那种一个课堂很多人的量产型传统教育相比，一对一的个性化教育更能尊重每一个学生的需求，所以"更能实现教育的人性化"。也就是说，后数字时代客户体验的关键在于，是否能运用数据与 IT 技术精准解决用户的真实痛点。要做到这一点，我们首先要通过一对一周到的用户服务，与客户建立起人与人之间真诚的交流关系。

例如，中国平安保险就是因为在网络上与客户保持了紧密的联系，通过分析客户个人信息与行为数据之后，了解客户生活上的困难与健康问题，并通过提供有针对性的细致周到的服务，获得了大家的好评后一下子推广开来。如果客户发生交通意外，平安保险的业务员会马上对被保险人进行赔付，在处理事故期间，还会主动提出帮客户去接孩子。平安保险的业务员之所以能够这么做，是因为公司拥有完善的客户数据并能迅速进行审查，不需要业务员再去做大量的工作，同时由于业务员与客户经常接触，客户有哪些烦恼也都谙熟于心。

由此，我们可以得出两个结论。第一个是要实现"自动化和最优化"。如果能实现这一点，人们就不必把精力浪费在"烦琐而多余的事务性工作"当中。这并不意味着人就没有工作了，而是说"过去用来收集信息或进行烦琐的事务处理的时间消失了，空余时间出现了"。那这些多出来的空余时间就能用到"人"这种宝贵的资源上面，我们就能有更多精力来创造令人感动的客户体验或是与客户保持更紧密的联系。

另一个结论是必须实现"个性化"。既然互联网接入现实世界后，我们能获取客户的各种行为数据，那对于"用户在什么时候烦恼？又是为了什么而烦恼？"这样的问题，根据因果关系和用户的个性我们就能进行分析推测，**从而在正确的时机，以正确的方式为用户提供恰当的支持**。这提供了一种附加价值，让用户与公司产生更深刻的联系。

3-3 技术进化带来的"服务2.0"

什么样的东西能引起人们的共鸣，什么样的情感价值想与人分享

谈到客户触点，我们想继续深入讨论一下"令人感动的体验"与"情感价值"等温情脉脉的话题。日本很重视服务品质，常说"Omotenashi"（用心款待客户），那在后数字时代我们应该怎么看待这个东西呢？

美国在线鞋类零售网站 ZAPPos 公司以优秀的顾客服务闻名于世，人们纷纷把在 ZAPPos 上的购鞋经历写出来与人分享。ZAPPos 为顾客提供的服务完全超乎他们的想象，因此在美国引起了强烈反响。ZAPPos 公司的企业文化独树一帜，很难被其他竞争公司模仿。

关于 ZAPPos 公司的温情小故事实在太多太多，我在这里只举几个小小的例子。例如，有个顾客想要一双鞋，而在 ZAPPos 的店铺并没有这种鞋出售，ZAPPos 的店员联系了顾客所在商圈内的所有鞋店，终于找到了顾客想要的那双鞋。ZAPPos 的店员马上让对方把鞋预留下来，还特意给顾客打电话说已经找到了。另外，社交网络上还流传着另一个故事，有个顾客为母亲订了一双鞋想送给母亲作为母亲节礼物，结果母亲不幸去世，顾客只好致电 ZAPPos 公司取消了订单。没想到 ZAPPos 公司还特意送来一束花以表慰问。

ZAPPos 公司的新顾客中有三分之二都是靠口碑营销，由朋友介绍而来，而四分之三的顾客是回头客。ZAPPos 公司的广告宣传费只占营收的 1%，经过 10 年的经营，公司规模逐步扩大，年销售额达到了 10 亿美元。后来亚马逊出资 8.5 亿美元收购了 ZAPPos 公司，同时保证不干涉公司的企业文化。

如果我们想要像 ZAPPos 公司一样，为顾客提供超乎以往的客户体验，必须对经营、后台系统、从业人员的思维方式进行整体设计。基层的员工再怎么热情好客也好，再怎么努力也好，如果没有适当的评价系统，没有后台系统的支持，是无法提供良好的客户体验的。反过来也是如此。

接下来我想介绍一下"丽思卡尔顿"的例子。"丽思卡尔顿"作为一家高端奢华酒店，以完善的酒店管理与细致入微的服务闻名于世。

"有位商务人士入住丽思卡尔顿酒店后，不小心将重要的资料忘在了酒店里。遗失资料本来会造成十分严重的后果，结果酒店员工坐飞机把资料给送了过来，最后总算有惊无险。"

"一对夫妇原本为了庆祝结婚纪念日预约了入住丽思卡尔顿酒店，结果由于突发的事件不得不取消预约。正当夫妇二人心情低落之时，家门口突然来了一辆小汽车，驾驶员带着礼物从车中走出，对夫妇二人说道：'这是来自丽思卡尔顿酒店的礼物。'他们俩打开礼物一看，里面装着香槟、香槟杯、新鲜出炉的曲奇饼、浴衣甚至还有一封酒店员工亲手写的祝福卡片。"

"我在纽约的丽思卡尔顿酒店办理入住的时候，告诉酒店希望换一个硬一点的枕头。没想到，后来入住莫斯科的丽思卡尔顿时，我还没告诉酒店，就已经把硬枕头给我准备好了。"

类似以上这样令人感动的事例简直不胜枚举。丽思卡尔顿酒店的高品质服务，秉承了公司的一贯"信条"，"信条"指的是"组织应有的形态与员工表达的价值观"。入职丽思卡尔顿酒店的员工都会收到一本员工手册，员工手册的第一页上就画有这样一幅图（见图3-1）。

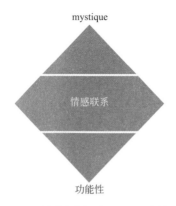

图3-1　丽思卡尔顿酒店员工手册上的图案

图最上方的"mystique"这个词可能大家没怎么听说过，我们可以将其翻译为"秘诀"。一般来说，"秘诀"是一种思维方式，指的是要考虑如何预见并满足客户的需求，因为这会变成顾客感动的源泉。丽思卡尔顿的员工都得到一定的授权，可以根据自己的判断考虑如何为客户提供独特、难忘和个人化的体验。

图最下方的"功能性"同样重要。从用户的角度看来，功能性指的是"各方面都很便捷，没有令人不舒服的体验"；而从酒店的角度看来，功能性就是"酒店保管的客户数据与创造感动体验的相关基础信息（酒店入住次数、生日、同行人的信息等）得到了充分利用"。根据该图我们可以看出，只有充分完善了酒店的功能性价值，"感动"才能真正地成为"感动"。这幅图非常简洁地展示了一个道理：首先客户的日常体验必须舒适而便捷，在此基础之上需要添加一点小秘诀——"在真实体验中获得的感动",两者相加在一起,最终才会达到一个良好的效果(＝情感联系)。

中国的京东公司也像丽思卡尔顿酒店一样,赋予了员工一定的授权。京东公司提供电商服务,在中国仅次于阿里巴巴的天猫。京东拥有自营物流,所以配送员都是京东自己的员工。据说京东的配送员在送货时有条规定,要求送完货返回时帮用户一个小忙。

例如,有的时候京东配送员把货物送到高层住户家里时,在到达的五分钟前会先打电话联络对方:"您好,我马上就到您家了。如果方便的话我帮您把垃圾带走,麻烦您准备一下。"对住在高层的人来说,下楼去扔垃圾是件非常头疼的事情。而京东的配送员在送货的时候,据说会趁回程空手的时候帮忙扔垃圾。

一般来说,大部分高级公寓的快递都寄存在1楼的接待前台,配送员不能进入住户区域。而京东的配送员,据说是由于受到住户的欢迎,被特别允许能够进入居住区配送货物。

以上这些事例,**都是通过最可靠的客户服务获得了经营上的成功,要是在过去会被当成奇迹。然而随着当今科技的发展,要实现这样的成功反而变得更加容易了,就像平安保险一样。**我们必须充分认识到这一点。"功能上"优异的表现,再加上稀有的客户体验,同时在客户真正困难的时刻伸出援手,如果企业能做到这几点,我相信客户的忠诚度必然会显著增强。这样一来，企业的服务续订率提高不说，新客户会像实施了病毒营销一般滚滚而来。数字化、数据、AI 的普及让这一切都成为可能，同时变得更加简单。

很多人都担心 AI 技术的进步，害怕未来的世界会变得"冰冷"，然而事实并非如此。其实我们应该改变过去那种"采用 IT 技术"的陈旧观念，把我们的视点切换到后数字时代中来，思考如何"利用现实的力量"。这样一来，我们提供的服务才会更富有人情味。

客户体验并非一次性完结的"客户接待"

我在日本一提到客户体验的话题，大家纷纷表示赞同："没错，Omotenashi（用心款待客户）太重要了。"这其实是一种误解。没错，日本企业在款待客人的时候，的确有着超高的服务水准，但是面对眼前的客人，我感觉日本有种"一期一会"的倾向。

我听说过这样一个故事，是关于日本某著名奢华酒店的。我的一个朋友非常喜欢这家酒店，经常带着家人同住。这位朋友家里有个患有残疾的孩子，在这家酒店可以去专门的地方玩耍，这点让朋友很放心。同时酒店的服务细致而周到，环境舒适，因此朋友经常去这家酒店。

朋友去过这家酒店很多次，但是从来酒店没有人说"上次客人您是夏天来的,我们酒店在秋天也很舒适,欢迎秋天也来体验一下"。而且,每次入住的时候,他都要反复告诉酒店"我家孩子患有残疾,需要××等物品。像××这样的场所我们去不了。"一次次进行同样的说明让朋友产生了厌烦,同时还产生了心理上的负担,结果最后朋友换了别的酒店。

笔者认为在这个案例中,酒店的做法很好地体现了什么是前数字时代的思维。他们只看到了在出售商品或提供服务时与客户的接触机会,而并没有形成后数字时代的思维,没有意识到在"互联网随时与现实相连的时代","与客户能一直在线上相遇"。现在的客户体验与以往不同,并非一次性完结,而是在持续中发展,并且能够得到高效改善。因此,对企业来说,"客户体验"已经超越了单个部门,不再是"接待顾客"的部门一个部门的事情,只有企业所有部门都携起手来,才能创造出优良的客户体验。现在这个时代需要我们转变观念,不光是"从产品转向体验",更需要"从产品转向陪伴"。

随着无现金支付的进一步发展与 5G 技术的导入,未来我们能够更容易地获取客户的行为数据,"在充分挖掘数据价值的基础上提供客户服务"就会变得越来越理所当然。到时候,如何高效改良商品与服务,打磨其后数字化的功能性,把日本的高品质服务升级为"服务 2.0"呢?其实,日本文化本身就有"善于考虑他人""善于预知他人想法"的优点,所以笔者相信,只要大家积极地把自己的思维切换成后数字时代的思维,必然会使其发挥巨大的作用。

3-4 未来的制造业：高速化、细分化、无边界化

客户触点的话题我想就谈到这里。接下来，我想介绍一下后数字时代的"制造业"会发生什么样的变化。

提到制造业，大家就会想到中国的深圳。被称为"世界工厂"的深圳，现在正发生着巨大的变化。过去的深圳可以建大量的厂房，雇大批的工人。而随着深圳的飞速发展，地价与人力资源价格不断提高，现在深圳已经成为中国房价最贵的城市之一。但是，深圳仍然被称为"制造业的最前沿"，甚至人们对深圳有这样的评价："硅谷需要做一个月的事情在深圳只需要一星期。"所以笔者认为，从深圳的身上，我们可以学到很多关于"未来制造业"的东西。

从深圳看未来的制造业

首先我想为大家介绍一下深圳。深圳是个什么样的地方呢？"车程 1 小时以内，制造业相关所有的市场参与者、所有的零部件的所有批次你都能找到。在这里设计公司能根据零部件性能找到最完美的组合，迅速促成商品交易，可高效完成企

划一生产一出口一条龙服务。"这里所有的零部件指的是，从最小单位的零部件，到组合零部件，甚至到离成型商品就差一步的零部件，不同层次的东西都基本齐全。

我向深圳当地的研究员询问这两三年深圳有什么变化，对方告诉我说："初创型企业和软件企业增多了。现在这些企业也开始制造产品，而我们深圳能满足他们的要求。"过去想要做制造业，没有相当的资产设备与各种资源是很难办到的事情。而且，每一批次的产品不达到一定数量也没人愿意接订单。只有具备一定研发能力与资金能力的市场参与者，经过不断摸索之后才能开发出产品，并一次性大量生产投入市场销售。但是，在深圳这个地方，正如我们前面介绍的，我们既可以进行外包，也可以借用外部资源，按照我们的实际需要获取资材（不光是零部件产品，甚至是供应链上的部分资产设备），可以说帮助企业**"无限释放了制造业的压力"**。

"说是这样说，不过这怎么比得上老牌制造企业的悠久历史与技术积累呢？"可能很多朋友会这么想。但如果我们用OMO思维来考虑一下，其实这种做法未来会对现有的制造企业造成很大的威胁。

OMO的基本概念之一，就是"深挖高频数据，高效改善UX，高效改良产品"。可以说，深圳是实现这一概念的最合适不过的地方。我们可以设想一下，拥有很多客户触点，同时资金充裕的软件公司，如果想要从事制造业会怎么做呢？首先，他们会向市场推出一些质量普通的商品，然后**他们根据顾客的需求对商品进行一次次超级高效的改良，可能最终制造出来的商品是最最符合顾客期望的**。如果他们再发挥自己的专长，用手机 APP 把商品串联起来，那除了商品本身以外，他们还能获取更多的客户触点保持与顾客的联系。

其实共享单车就是类似的一个例子。2016 年左右，我在中国的城市里经常能看到脚踩赛格威（注：电动平衡车鼻祖）的人，但是随着共享单车的普及，大家感觉骑共享单车更加方便，赛格威就逐渐被淘汰了，同时自行车业界也因为共享单车的入侵遭到了极大破坏。因为推出共享单车的公司，会根据市场需求的变化，不断追加共享单车的新功能投放市场，谋求与其他对手的产品实现差异化，吸引更多的用户。

生产二维码扫描仪的某跨国企业曾经找我咨询："阿里巴巴为了普及支付宝，现在到处派发免费的扫描仪，我们的市场份额正在被不断蚕食。现在我们想制造更高端的二维码扫描仪，能不能帮我们想想办法？"以前，不同二维码扫描仪的扫描精度与扫描速度区别很大，然而随着技术的进步，不同产品之间已经没有太大差距。而**阿里巴巴的目的是将销售数据变现，并不是真的想要卖二维码扫描仪**。阿里巴巴的二维码扫描仪虽然品质普通，但也能满足用户需求。让用户使用支付宝这个 APP 来提供客户价值，这才是阿里巴巴的核心商业模式。所以，我对那家企业说道："现在，扫描仪本身价值已经不大，之后怎么处理数据才是价值的关键。"结果，那家企业最终终止了新型扫描仪的开发计划。

可以预见，在不久的将来，如果能获取用户所有的行为数据，那 AI 就能够把握每个用户的喜好与选择倾向，以后就能自动生成"个性化的商品"。未来商品的生产方式不再是大批量生产，而是根据客户不同的喜好，实行多类型的、个性化设计的生产。这样的生产方式正逐渐变成新的潮流。这就意味着，在这个变幻莫测、充满流动性的时代，只有理解顾客需求、能够实现个性化服务并进行高效改善的市场玩家，才会越来越有竞争力。

全球范围内的 OMO 型制造业

类似这样的制造业的变化其实并不只会发生在特定的某个地区，日本同样会发生这种转变。应该说，新型制造业是在全球范围兴起的一股潮流。以前我在深圳访问过一家叫作 PCH 的公司。从商品的创意开发到样品制作、批量生产、运送至全世界销售，PCH 公司为客户提供一站式服务。PCH 的公司总部位于爱尔兰，公司的发展可以说是充分利用了深圳完善的产业链及供应链。PCH 公司的创意与商品企划在优秀头脑云集的硅谷进行，当创意大致成型以后，拿到深圳快速生产出商品模型，并立马上线以中等规模进行生产，然后从深圳直接发往终端用户，省去了中间的仓储环节。据说，PCH 公司的主要客户分布在欧洲，我访问公司的时候，发现他们不仅生产电子类产品，同时还生产皮革类商品盒，以及用户定制的印刷着不同图案的手机壳。

深圳这个地方，可以说为中国 OMO 的发展提供了有力的支撑。第 2 章中我们介绍过李开复的观点，他提到 OMO 的到来需要满足四个要素，"智能手机的普及""移动支付的普及""质优价廉的传感器""发达的 AI"。而深圳正好在智能手机与传感器两个领域具有相当大的优势。不过，从 PCH 公司的例子中我们可以发现，现在深圳这片土壤，不但支撑着中国的 OMO 的发展，同时还支撑着国际化制造业的高速发展。

随着互联网的普及，在企划创意与模型制作之间来来回回进行商品开发的过程，现在就算隔着地球都能办到了。这样一来，创意转化为商品的过程变得更加简单，PDCA 循环能够高速运转起来，新的商品会不断向市场推出、淘汰、改良。最后，未来会变成一个重视创意与设计的时代，初创公司也会参与到制造业当中来。而笔者认为，深圳，就会成为支撑这一切的国际化战场。

其实不一定是深圳，只要能推动同样的 PDCA 循环系统高速运转，在世界上的哪里都一样。不过关键在于，我们必须充分认识到后数字时代制造业正在发生的变化。

3-5 日本令人不可思议的特殊优势

看了以上这么多例子，日本好像是没有办法推行后数字时代的思维了。因为当今的日本社会变化十分缓慢，同时很多公司作为现有制度的既得利益者也不愿改变，还有日本政府的种种限制规定，这一切仿佛都在告诉我们说："日本没有办法。"的确，中国的社会制度与日本大相径庭，2015 年以后中国的数字化发展，很大程度上得益于政府放宽了监管，也就是说，中国政府设计了一套"哪些事情不能做的制度"。然而日本的做法相反，设计的是"哪些事情可以做的制度"。比如说赛格威这种新型交通工具是否可以上路的问题，因为没有写进日本交通法，"如果没有说可以做，那就是不行"。然而同样的事情放到中国，就变成了"既然还没有决定行不行，那先算作 OK"。中国通过实施"互联网＋"政策，对特定行业放宽监管，因此在 2015 年以后实现了整个中国数字经济的迅速发展。

日本是否也会实现国家规模的加速发展，这里我们暂且不论。不过笔者认为，日本自身有着很多强项、很多优点以及独一无二的地方。不过，想要充分发挥日本的这些优势，必须首先把我们的思维切换到后数字时代的思维上来。

日式搞笑与温情——不可思议的魅力

我在与腾讯 UX 的总负责人会面的时候，曾经询问对方："您觉得日本有哪些厉害的地方呢？"对方这样答道：

"我非常钦佩日本，主要有两个方面。首先像搞笑的东西、玩儿的东西，还有动画与 COSPLAY，日本人会对一些看起来没什么意义的东西倾注大量的热情，创造出一些特别的文化与发明，我觉得这一点非常厉害。还有就是温情。我们从日本的文化或文艺作品中，经常能感受到一种很自然的人与人之间的温情，这种东西在中国好像很难产生。像这样的文化成熟之后才能出现的东西，我想可能是我们今后需要学习的地方。"

我们 beBit 公司刚刚进入中国的时候，也有人说过类似的话。当时我们想请某跨国企业中国分部的中国籍管理人员当顾问，对方这样说道：

"要说我为什么答应你们的邀请，其实是因为我觉得日本人还有日本的企业，存在着一种独特的温情。如果你们也能把这个东西带到我们中国来就好了。比如说优衣库，跟 Zara 比起来总觉得要更有温度。而无印良品虽然很简洁，但不知道为什么也有一种温暖的感觉。这种我们难以创造的价值也不知道是从哪里来的，我还想向你们请教呢。"

这两位都是业界的领军人物，引领了中国某一领域的发展。没想到他们都异口同声说了同样的话。

ID 的力量、IP 的力量

数字化发达的国家都有一个强项，就是精准把握 ID 的能力，也就是他们建立的平台系统能把所有相关信息与个人 ID 串联起来进行使用。不仅是中国企业，GAFA（Google、Amazon、

Facebook、Apple）这些公司也是一样。在这股世界潮流中，日本的优势在哪里呢？我认为还是要从内容产业与虚拟角色经济等"IP"（Intellectual Property）经济中去寻找。

现在中国的国产动画与国产游戏虽然在迅速成长，但是"二次创作"这块领域还远远不及日本成熟，日本的"二次创作"已经形成了独特的文化与市场，还形成了很多大大小小的社团。

IP 的魅力在哪里？IP 的魅力不光在于角色本身，更在于它的世界观、价值观，它有自己的生命力。人们受到 IP 的吸引，聚集在一起成为粉丝，粉丝之间产生了牵绊与温情。说到这里，我想讲讲广受世界瞩目的日本剧作家——小山薰堂先生的故事。现在，小山薰堂正作为"打造城市概念的创意师兼制作人"，为打造中国的智慧城市发展与乡村振兴出谋划策。小山薰堂被誉为熊本熊（Kumamon）之父，可以说是用 IP 概念打造城市振兴的第一人，因此在这个 IP 经济流行的时代备受瞩目。

小山先生原本就在熊本县出生，长大后回到故乡熊本，才发现了熊本的很多优点，而这些优点都是他小时候没能体会到的。城市的公共关系宣传活动，一般来说都是针对外界人士，宣传当地著名的观光点和土特产。不过小山策划的"熊本惊喜"系列活动不走寻常路，是让当地的熊本人自己来寻找熊本好玩的东西，然后就这样对外界宣传推广出去。吉祥物熊本熊也就这样应运而生。小山还打造了一个平台，允许大家随意使用熊本熊，熊本人可以把熊本的魅力或生活中的惊喜借助熊本熊这个角色传达出来。结果，大家都纷纷开始使用熊本熊进行创作，一时之间，几乎到处都可以看到熊本熊的身影了。最后熊本熊还漂洋过海传到了中国。

正如我们前文所说，在中国，腾讯、阿里巴巴以及其他数字化的市场参与者的诸多努力与政府的统一调控，使得顾客的消费行为数据与出行数据等各种数据都能够被利用起来，这样一来会实现社会的"最优化"配置。当然以抖音为首，中国也诞生了很多比较独特的服务，总的来说，中国已经有一套比较完整的、均衡的方法让社会变得更加便捷，比如说信用的可视化与排除冗余手续等。

比如说，中国在打造智慧城市上主要关注的一点，就是如何使用数据资源创造更美好的城市。而基本上智慧城市的打造最终都归结为"交通控制"和"行政与医疗的数字化"。这样一来，每个城市虽都实现了"便捷"但却没有了差异。所以，最后中国的管理者们想到的是要打造社区，打造有温度、有特点的城市。而小山的"熊本惊喜"活动重振了熊本县的经济，还让熊本县在世界上变得赫赫有名，这一点引起了他们强烈的兴趣，结果小山薰堂那里各种各样智慧城市的企划书纷至沓来，应接不暇。

随着数字化的发展，线下世界消失，人们所有的行为都会变成数据与个人 ID 相连，那个时候，个体最优化与效率化会给我们带来诸多"便利"。这当然十分重要。然而，当便利的生活变得理所当然，企业针对每个人的服务如果只有"个体最优化"

与"效率化",那就没有差别了。从以上的案例我们得到的启示就是,在未来的商业活动中,也许可以活用 IP 的力量,来创造更多联系用户与企业的宝贵的客户触点。

信息的附加价值、环境的附加价值

大家读到这里可能会想:"这不就是打造品牌的影响力吗?"为了避免误会,也为了避免大家继续用前数字时代的思维来打造 IP,我想再多写一些东西。

以往的广告,大多都志在为消费者提供"某种具有附加价值的信息"。对某个特定的商品也好,某个特定的企业也好,一般来说消费者没有任何想法。而广告会通过讲述一个品牌的背景故事,塑造品牌形象来唤起消费者的共鸣。广告为消费者提供了某种附加价值,以让其产生一种"亲切感"。广告本身是一门美妙的技术,而我自己也有很多喜欢的品牌。这项技术即使到了后数字时代也同样能发挥基础作用。

在后数字时代让 IP 发挥作用的关键是,要注意数字化环境已经让客户触点随处可得。小山薰堂的"熊本惊喜"系列活动最成功的地方,就是创造了一个"团体参与"系统,为参与的人提供了一个平台环境,让大家可以自发地去进行宣传。在"熊本惊喜"这个例子当中,由于并没有大幅度使用数字技术,同时也充满了人与人之间的温情,也许大家都没有发觉这一点。事实上从某个角度来说,笔者认为"熊本惊喜"与芝麻信用和滴滴打车十分类似，都是"设计某个环境来让用户行动，从中诞生了独特的用户体验价值"。我相信，中国有这么多智慧城市的企划书会发到小山薰堂那里寻求帮助，绝不是仅仅为了某个角色的品牌魅力，更重要的是为了打造"团体系统"的价值。

现在，我们看到或使用某件商品时，脑海里就会浮现出品牌背后的故事。而未来企业商业活动的目标不再仅限于此，企业需要让用户赞同企业的价值观，融入企业的世界，并在企业创造的环境里自发形成组织，创造用户自己的体验。因此，企业不光要为用户提供具有附加价值的信息，还应该为用户提供合适的环境平台，打造用户参与系统，让用户在里面创造出属于自己的体验价值。其实如果我们观察日本年轻一代的文化，就可以发现他们已经很自然地做到了这一点。这是日本人的根本优势，其他国家的人很难模仿。不过，能否真正发挥我们的这项优势，还在于我们是否能采用本书所介绍的 OMO 思维，这一点非常关键。

>>> 第 4 章 <<<

瞄准后数字时代的日式经营变革

4-1　下一个时代的竞争原则与产业结构

虽然我前面举了很多例子，但由于各国社会状况、文化背景、商业习惯大不一样，日本企业改革不可能与它们完全一样。另外，全球共通的思维方式，与日本企业某些独特的思维方式也不尽相同，那日本企业进行数字化转型时到底应该走哪条路呢？在最后一章我想与大家好好探讨一下。

首先，我们对前面几章的要点稍微进行一下总结。

后数字时代的到来

- 数字化全面渗透，所有场所都处于在线状态，人们所有的行为数据（包括以往的线下行为）都会变成线上数据，与个人 ID 相关联。
- 人们会感觉到像是住在数字世界里一般，再也没有线上线下的区别。

商业形态的变化

- 随着大量数据的出现，如果能用 OMO 思维进行思考的话，企业自身的商业活动会发生重大改变。

- 比如零售业就可能会变得像盒马一样。盒马掌握了庞大的数据信息，根据数据分析确定了目标客户群较多的区域，然后在此区域开设门店。线上购物便捷，线下购物"亲眼所见，能买得放心"，盒马打通了线上线下的渠道，让顾客能自由地选择喜欢的购买时间、购买方式来购买喜欢的商品，由此获得了顾客的好评。同时，通过对线上线下购买数据与历史浏览数据的大数据分析，盒马还能够预测各类商品的客户需求，进行精准的库存与进货管理。

- 而在医疗领域，过去的平安保险与用户之间没有接触机会，不存在客户触点。如果没有客户触点就无法获得数据，因此平安保险专门开发了 APP，改变了被动局面。平安保险提供的 APP 不光拥有强力杀手锏——终年无休的免费医生问诊服务与预约服务，同时还融合了生活健康信息的资讯服务，"走路赚积分游戏"，提高了用户使用 APP 的频率，创造了客户触点，保持了与用户的紧密联系。同时，通过用户的历史使用记录，平安保险掌握了用户的"属性、爱好、现状"等信息，可以让业务员与市场营销人员、客户呼叫中心产生联动，在最合适的时机向用户提出新的服务方案。

- 在出行领域，滴滴通过对司机的驾驶水平与服务水平进行可视化评分，同时把"提高评分就能提高收入"作为激励机制，有效引导司机提高了整体服务水平，为乘客创造了高品质的出行体验。滴滴乘客与司机的互评机制，也有效阻止了乘客恶意取消订单以及乘客态度恶劣的情况，打造出一个匹配好乘客（为其提供更好的租车服务）与好司机的完美系统。

根据以上例子，我们可以整理出两点后数字时代的商业原则。

（1）要推动高频客户触点产生的行为数据与客户体验的循环。
（2）不光要盯着目标客户，还要在最合适的时机、以最合适的方式提供给客户最合适的内容。

接下来，我将就这两点进行具体的解释说明。

原则一：高频客户触点产生的"行为数据 × 客户体验"的循环

商业原则的第一个要点就是推动以下的循环：

由于客户体验优良，积累了大量优质客户与优质数据
⬇
企业将获取的数据用于改善客户体验，回馈客户
⬇
更多的优质数据进一步累积……

这时经常容易发生这样的状况：有的企业会说"我们公司与客户的接触机会1年只有1次"。的确，特别有些企业是一次性完成购买的商业模式或定期更新换代的商业模式，就算想要推动这个循环也是无从下手。这种情况下，就需要企业自己

来创造高频客户触点,或是从同一生态系统中的周边服务着手,考虑如何创造高频客户触点。

"那怎样提供良好的客户体验呢?"大家可能很难进行想象。我建议大家从频度与客户触点性质的角度进行分级。这就要回到我们第 2 章提到的高接触型、低接触型、偶发接触型等客户触点类型分类的话题了。

高接触型客户触点

如果能单独接待某个客户时,**需要彻底贯彻一个宗旨——提供只针对这个人的个性化服务,为客户制造专属的感动体验,由此获得客户的信赖。**

低接触型客户触点

在工作坊或举行的活动等"场景",为客户**提供线下真实体验才能带来的舒适感,以及在别处难以获得的高密度信息。**

偶发接触型客户触点

举办在线服务或在线沙龙活动时,为客户提供便捷服务并缩短服务过程,**激励客户通过高频度使用服务来获得益处。**

我们要在不同的客户触点为客户提供全方位的服务,建议大家对各个触点进行平衡的配置与设计。要以单个 ID 获取的数据为基础,尽可能实现每个客户服务的最优化。最理想的状态是能够根据数据的时间线分析出客户的即时需求,为客户迅速提供改善后的选择。

另外,"企业代为保存用户数据,然后向用户回馈良好的客户体验",这一点从第3章中我们讨论过的数据伦理的角度来看十分重要,同时必须以用户的信赖为前提。特别是对于保管并处理大数据的大企业来说,如何有效利用数据,为社会做贡献是社会必然的要求。以前,笔者曾向阿里巴巴的负责人问道:"贵公司保管利用了这么多的数据,人们会怎么看待贵公司呢?"对方是这样回答的:

"这十分考验我们怎么去使用数据,我们心中一直谨记着这样一件事:每个人都在看着我们公司。因此,我们把获取的数据用于城市规划或交通数据,甚至是植树造林活动等,以求用数据回馈社会,为社会做贡献。"

如果是值得信赖的企业的服务,用户一般会觉得提供一下数据也没关系。但是,如果面对的是一提供数据就会来推销的企业,用户对企业的印象肯定不会好。自然而然地,用户就会减少与这些印象差的企业或服务进行接触。**在后数字时代,"既不方便,还欺骗顾客,只知道收钱的服务"将被拥有高频客户触点和带来高附加价值的服务逐渐淘汰。**

"得触点者得天下"——拥有大量客户触点市场玩家的破坏力

这里我想介绍一个通过高频客户触点和高附加价值,在本来毫无关系的领域发动奇袭的商业案例。这就是阿里巴巴麾下的支付宝（蚂蚁金服）推出的"相互宝"。

支付宝是很多中国用户每日常用的支付 APP，我（藤井）每天要打开 5 次。而支付宝推出了保险产品"相互宝"。也就是所谓的互助型保险，比如说 100 个人参保，如果其中某 1 个人受伤，医疗费就由这 100 个人均摊。"相互宝"这款产品可以说是用数字形式回归了保险的本质。

用户平时一直使用的"支付宝"上，某一天突然有了"相互宝"的介绍。从"相互宝"的产品介绍页面用户可以一键加入，因为加入不用花钱，所以 1 天就有 30 万人参保。**1 天就能有 30 万人参保本身就令人惊奇，结果"相互宝"这款产品，8 天就加入了 1000 万人，2 周时间参保人数就超过了 2000 万人。**中国与日本不同，大家对保险理解不深也不太信任，所以中国的保险公司要一边做生意一边给用户普及保险的必要性。在这种环境下，"相互宝"这种简单的保险，居然让 2000 万人觉得"有这个保险就够了"。

我再来对相互宝进行一下详细的说明吧。"相互宝"每个月有两次时间可以提交申请资料，受伤或生病的人提出必需的资料并通过审查后，参保全员均摊医疗费用，这笔费用从用户的支付宝自动扣除。据说，参保者全员都可以对相关资料进行确认，也可以提出异议。"相互宝"的互助机制，使得分母越大每个人的均摊费用也就越小。同时支付宝 APP 上也会显示即时的参保人数，通过口碑相传，很多人就像玩游戏一样加入了"相互宝"。加入的条件为"芝麻分大于等于 650 的用户"，对参保人员做了一定限制，同时也让参保用户产生一种安心感，知道"只有值得信赖的人才能加入'相互宝'"。

另外，阿里巴巴会征收 10% 的管理费。比如这个月的总负担费用为 100 万元，阿里就会加收 10 万作为自己的管理费。当然，"相互宝"这款保险产品的品质、风险管理等方面的问题，从专家的角度来看有很多值得商榷的地方。但是，保险领域的传统公司，面对这样一个坐拥六亿用户的 APP，虽然对方只是玩票性质的竞争，也完全是不堪一击吧。

原则二：要在最合适的时机、以最合适的方式提供给客户最合适的内容

接下来我想解释一下商业原则的第二个要点。其实从 PC 互联网时代开始，基于用户属性与客户画像来"设定最合适的目标用户"已经成为可能。而在后数字时代，由于现实世界随时都在网络中，企业能获取高频用户行为数据，因此不但掌握了目标用户的基础资料，**还能对用户产生购买欲望的时点进行预测，并根据用户过去的行为与当前状况提供最合适的内容（包括商品），同时还可以根据用户的性格与特点提供最合适的交流方式。**可以说，我们前面提到的平安保险就是最好的例子。

用户如果持续使用某项服务，就能在合适的时机，就自己想要的东西与商家进行愉快的交流。对用户来说，没有比这更让人舒心的了。这为我们揭示了，**基于行为数据的"客户理解"与"即时性"的重要性在不断增加**。

要实现以上两点，强大的技术支持必不可少。这不单需要分析预测时机与用户需求的 AI，同时还需要大量的对每个用户 ID 相关数据进行处理与分类的芯片。而且，由于最好能够对数据进行实时处理，处理动态数据的能力也就成为必备条件。

平安保险能够及时为用户提供个性化的服务，这一点是整个服务系统的核心秘诀。公司有内部专用数据平台"LCCH"（Life Customer Contact History），能对客户的接触历史进行统一管理，记录了过去公司与每位客户之间的各种接触信息，为每位客户都建立了专属的终身服务档案。客户专属的终身服务档案，实现了服务追踪、未来服务调阅、预测服务趋势等功能。平安保险通过收集数据，能更深入地了解每位客户的需求，由此能够根据客户的当前状况，为客户提供专业化、个性化的服务。

LCCH 大致的功能分为三大模块（以下内容引用自 beBit 公司翻译的《平安保险集团的冲击》一书）。

时光轴

围绕客户记录的全渠道服务轨迹，以时间为轴，完整记录客户各项业务办理及咨询信息、线上浏览信息、与业务员接触情况、客户体验情况等信息。服务人员可利用时光轴功能全方位了解客户既往与公司的接触历史。

脸谱

通过刻画客户画像，分析识别客户价值与需求偏好，呈现客户生命阶段、产品持有、行为偏好、客户价值等方面的关键标签，其中基于客户当前价值及其潜在价值预测的"客户价值分层标签"是决定服务资源配置的关键要素；基于客户调研的需求分群标签则可进行产品及服务项目的差异化配置。

锦囊

通过接触历史轨迹分析并结合保单生命周期与客户特征，识别客户潜在需求，生成服务锦囊。可提供待办事项跟进、保单权益提示、服务及产品推荐、客户关怀及风险预警等五大类近百项个性化服务建议，实现精准服务。

客户使用手机 APP、登录网站、直接与业务员会面，所有的客户接触信息都通过 LCCH 平台进行统一管理，LCCH 成为横向串联整个集团的客户接触信息数据库。在 LCCH 系统下，平安保险集团通过系统分析客户历史接触记录，并以锦囊形式实时推送建议，能为客户提供更精准的服务。

通过收集客户的行为数据，准确把握服务时机、服务内容与交流方式，企业就能为客户创造最完美的客户体验。而客户的行为数据又会汇集到能提供完美客户体验的企业手中，企业就可以在此基础上进行改进，创造出更加完美的客户体验。这样一来就产生了良性循环。

总而言之，要在后数字时代的商业竞争中立于不败之地，必须要满足这两个商业原则：第一，"要推动高频客户触点产生的行为数据与客户体验的循环"；第二，"在最合适的时机、以最合适的方式提供给客户最合适的内容"。当然，我们也可以用"企业竞争的焦点会从提供产品变为提供体验"这种表述方式，但像"消费已经从物品消费转向了故事消费"这样的提法，我认为并没有触及变化的本质。应该说是企业与客户的关系从原来的**单一接触型变为了陪伴型**。在这一点上，我们很容易光是想着怎样去获取数据、怎样去构建系统，但我想再次强调——"如何创造良好的客户体验并为客户提供价值"的视角也不可或缺。我们在图 4-1 中展示了后数字时代之前与之后的变化，希望能帮助大家更好地理解这一小节的分析说明。

新兴产业的金字塔结构

当企业与客户的关系从原来的**单一接触型变成陪伴型**后，行业构造与等级结构，也就是产业结构会随之发生改变。以前很多数据无法留存，因此对企业来说，最重要的是"卖出去就好"。所以，**现在的产业结构都是以制造商为主导，制造业位于金字塔的顶端，通过下面的物流系统与零售业来进行产品的销售**。我们观察企业股票总市值就能发现，支撑着制造业的提供基础设施服务的（原材料、能源等）企业占据了非常重要的位置。

后数字时代之前

后数字时代之后

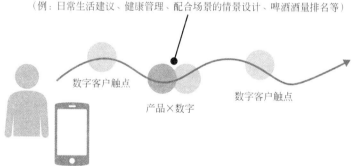

图 4-1　后数字时代之前与之后的变化

然而，当市场成熟之后，基础设施方面实现了供给充足，制造行业也实现了平均化，此时价值的产生就变成了体验型。同时，随着后数字时代的到来，价值的产生就会转移到能"同客户产生接触点，从中获取行为数据，充分了解客户的需求，随时与客户保持紧密联系"的企业身上来。因为所有的客户都偏好最便捷的服务，也只会在自己信赖的、喜欢的企业身上花时间。

这样一来，"**数据的交换与处理**"**就会成为新的基础设施。由于平台服务商拥有最多的、最能产生金钱价值的"消费行为数据"，同时也能把这些数据与客户 ID 相结合进行有效的利用，因此平台服务商在新的产业结构中就能称王称霸**。我们平常所说的 GAFA 其实都是很好的例子，这些平台服务商手握支付大权，走上了金字塔的顶端，成为未来产业结构中最顶层的霸主。而其下则是各行各业中提供体验型价值的服务商，再其下才是各类制造商的位置（见图 4-2）。

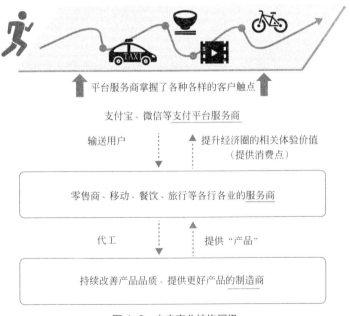

图 4-2　未来产业结构层级

这里的服务商，例如在出行领域有优步、滴滴、Grab[①]，在餐饮领域有优食、美团、Tabelog[②]，在零售领域有盒马、各大便利店，在旅游领域有缤客、携程等企业。每个国家的具体情况虽然各有不同，但预计基本上都会是"各个领域的服务商"与某家支付平台服务商联手的形式。中国现在的情况是分成了腾讯（微信支付）与阿里巴巴（支付宝）两大阵营，比如说在阿里巴巴旗下，打车有滴滴打车，共享单车有哈啰单车与ofo，旅行有飞猪，生鲜超市有盒马，视频有优酷。可以说，各个领域中有实力的市场玩家几乎都会属于某个支付平台服务商的阵营。

而制造商就会变成专门提供制造产品的服务者，加入某个服务商的麾下，例如为中国打车服务巨头滴滴提供汽车制造或行驶记录仪制造的厂家，或是为共享单车服务商提供自行车的厂家。

如图4-2所示，出行服务、外卖服务、超市等各领域的服务都与支付平台相结合，不断改善各领域的客户体验。同时，这些服务串联起来，形成了生态系统，打造出一个经济圈。

在未来的这种产业结构中，思考"企业在整个结构中如何定位"就变得尤为重要。虽然说支付平台服务商占据了非常有利的位置，但是只有很少一部分企业有这个条件和能力成为支付平台服务商，并得到用户的广泛认可。在日本，现在一些通信企业与大型电商网站，还有像LINE这种社交平台企业都想占据支付平台服务商的宝座。不过要想成为真正的支付平台服务

---

① 东南亚打车租车服务供应商。——编者注
② 日本美食搜索和美食点评服务平台——编者注

商，不但要获得用户的广泛认可，还要考虑该项事业的变现功能（基本在金融与数字营销领域），以及企业自身的资本能力等，必须同时满足多项条件。在此基础上，企业还要为买家与卖家提供足够的激励，促使双方都能导入这项服务。

我们在同某 PC 制造商的老总就这个话题进行讨论时，对方说道："我们公司非常善于制造电子产品，短时间内可以生产出各式各样的产品，这样看来我们应该把公司定位在像 OEM[①] 一样的、最下面的制造商的角色，为各类服务商提供他们所需要的产品。"这就是一种基于自身强项、抢先占位的做法，只有这样企业才能在未来的竞争中生存下来。笔者认为，每个企业都必须冷静思考自身优势，确定自己未来要作为哪种市场玩家参与竞争。

进入后数字时代之后，对"社会的基础企业"的定义会发生改变。过去，金融企业自不用说，电力企业、通信企业、能源企业都属于社会的基础企业，而其他企业是在这些企业的基础上开展各式各样的经济活动。然而，进入了后数字时代以后，"数字行为数据的交换与处理本身"发挥了社会基础设施的作用，而数据就会成为所有服务的基础。从某种意义上来说，这里可以套用马克思所说的经济基础与上层建筑的概念。**后数字时代，数据的交换与处理（数字化）成为经济基础，而城市、街道这些原来的经济基础，成为能够转包的服务（上层建筑）**。笔者认为这也适用于智慧城市与自治体，是非常正确的观点。

[①] Original Equipment Manufacture（原始设备制造商）的缩写，俗称代工。——编者注

4-2 企业必须进行自我革命

前文中，我们已经解释了竞争原则的变化与随之产生的产业结构的变化。接下来，终于到了考虑该如何进行企业改革的环节了。这里我将其分为三个层面进行整理讨论，分别为：（1）包括愿景与组织架构设置的企业战略；（2）事业战略；（3）商业模式。

总的来说，数字化转型是企业变革的大方向，同时必须配合后数字时代商业原则的改变，企业的服务必须"从产品制造型转变为体验陪伴型，将原来的产品导向转变为体验导向，在所有的层面上都进行改革"。具体的变化大家可以参见图4-3。接下来，我将对每一层面进行详细的解释说明。

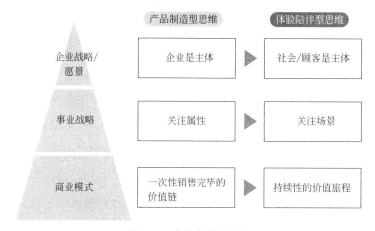

图4-3 企业变革的方向

以客户与体验为主体的企业战略

首先,是企业战略层面。这一层面的变革必须由以 CEO 为首的企业高级管理层推动。在这一层面上,必须对"组织架构"与"企业愿景"进行改革。

由于未来企业提供的是体验陪伴型的商业服务,因此**企业跟随客户体验(旅程)打造组织架构是最为理想的情况**。虽然每个企业的业态与商业模式千差万别,但以未来最典型的组织架构来说,应该包括宣传、产品开发、市场、销售,以及客户成功部门或 CRM 等部门。这样的组织结构是根据**"应对特定阶段和状况的客户"**打造而成,不会像根据客户类型打造的组织架构一样造成客户分散,能为客户做出更多的贡献,也不会因为指标重复造成对自身的蚕食,避免由于"公司政治"内耗而浪费无谓的时间。不过从另一方面来说,这种组织架构要求企业整体实现有机的整合,协同运作,因此横向串联的各个团队与各个部门老总必须加强沟通。

而现在日本很多的企业,是按照商品或销售渠道来进行部门的划分,每一个部门需要单独搭建开发和销售团队等。这样一来就会产生内部竞争,然而由于企业秉持"只要卖出产品就行"的观点,所以觉得产生内部竞争反而是好事。可是,到了后数字时代,企业最主要的目的变成了为客户提供"陪伴"。因此在客户购买了某件产品之后,为了维持日后与客户的联系,必须要考虑的是"接下来怎么做才能与客户继续保持联系"。也就是说，重要的并不是单独的某件产品，而是企业或企业服务与客户的关系。企业应立足于如何实现分步与客户构建联系，以"客户旅程"为基础打造组织架构，并在每一个步骤上设置具体指标，以顾客为导向，像跑接力赛一样开展经营活动。

其次是企业愿景。一般普遍认为，企业愿景指的是企业理念，而我们这里所说的愿景，专指"未来想要实现的事业蓝图"。现在很多企业的介绍中都写有企业愿景，有的是"企业的价值或企业眼中的世界"，有的则写着与"空泛的客户贡献"相关的一些话语。大部分的内容都是"公司介绍与公司定位"，或是"我们以顾客为先，全心全意为顾客做出贡献"，等等。这些愿景的产生，我想可能都是基于这样的观点——"我们公司自身产品及服务领域已经固定，基本就是对这些东西进行销售，我们的价值就在于此"，认真想想当然也没错。同时，日本特有的文化背景也造成了日本公司只想"专注于自己的优势领域，公司上下齐心协力每天努力钻研，总之要制造出优良的产品"。

但是，如果想把企业愿景转变成体验陪伴型应该怎么做呢？由于组织整体必须为客户持续提供"优良的体验"，一直陪伴客户的成长。因此，"最终想为客户提供哪些体验，帮助顾客实现一个什么样的状态"这样的最终目标必须实现组织共享，并在此基础上开展工作。也就是说，"愿景的主体会变成社会或者客户"。我这里采用了"主体"这个说法，**主要是为了方便大家联想，其实说"客户是主体"指的就是"客户实现了何种状态十分关键"**。换一种说法也完全没问题，譬如说"我们要帮助客户达到某个目标,我们要帮助社会变成某个样子"。我们在制定企业愿景的时候,必须对企业能提供何种体验价值进行明确的提示。

场景导向化经济

接下来我们对事业战略层面进行分析。在这一层面上,我们主要需要对事业划分、目标市场、市场定位等进行定义。在进行后数字化变革的过程当中,最重要的是在确定目标市场时,要从过去的"人·属性"转变到"场景"上来,我们现在必须根据"场景"来选择目标市场用户。

为了方便大家理解,大家可以联想一下市场营销或广告是怎么做的。过去我们主要使用大众传媒来做广告,也不知道谁在看谁没看,反正面向公众推出广告后,只要大家来店里买东西就行,不管他是谁都好。然而互联网让这一切发生了改变,PC连入互联网以后,就能确定客户的身份,就像"F1层"这个专业术语一样,企业可以针对不同属性的客户推荐不同的商品,采取不同的接触方式。

可是到了现在,IoT、手机以及其他的传感器十分发达,已经能够捕捉各种更加细微的场景,这种划分比人的属性更加精准。比如说,我们可以想象一下这样的场景:在照看婴儿的时候,孩子突然放声大哭,看护人不知道如何是好。要解决这个问题,如果是在过去对目标市场客户进行属性定位的时代,那这个场景基本上都是孩子母亲遇到的情况，所以我们的目标客户就会定位为母亲。然而在现实当中，有可能是照看侄子的叔父，或是照看孙儿的爷爷，或是新来的临时保姆等都会遇到的场景。因此，现在我们遇到这种场景，会掏出智能手机采取各种行动，要么问朋友，要么自己上网查，要是孩子发烧了就在医疗 APP 上问诊，等等。从这个意义上来说，由于随时连入了互联网，各种各样的"微小的情况"都会被实时捕捉到。（见图 4-4）

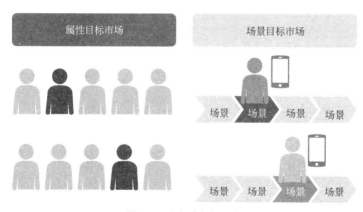

图 4-4　目标市场场景化

说到这里，很多朋友可能有疑问："这不是事业战略层面的东西吧，这个话题不是应该在市场营销的层面上进行讨论吗？"其实，**这是由于"我们对市场的认知方式已经转变为场景导向"，所以应该放在事业战略层面上进行讨论**。比如说，在商业世界当中，我们经常会提到"麦当劳的竞争者是谁"这个话题。一般会认为是摩斯汉堡或汉堡王等汉堡连锁店。不过，如果换个角度来看，我们可以发现：可以吃快餐的便利店或牛肉饭连锁店也是麦当劳的竞争者，甚至像图书馆、家庭连锁餐厅，这些可以消磨时间或长时间待着学习的地方也可以说是麦当劳的竞争者。"针对顾客所处的场景，采取何种应对方式"——如果以这样的观点进行梳理的话，我们就会得出以上结论。即使客户属性各不相同，但也常常会面对同一场景；反过来说，同一个客户也会面对多个场景。如果总是以人或人的属性为依据进行目标市场定位，就没法掌握正确的情况。如果能随时与客户保持紧密的联系，对不同场景或客户所处的各种生活情景进行精细化划分，那以场景为导向制定战略在新时代中会变得理所当然。未来我们在估算市场、拓展事业时，场景把握能力将十分关键。

任务理论与场景导向

哈佛大学商学院教授克莱顿·M.克里斯坦森在《与运气竞争：关于创新与消费者选择》（英文书名为 *Competing Against Luck：The Story of Innovation and Customer Choice*）一书中，提出了"任务"商业战略理论，该理论也阐述了类似的观点。我们在这里讨论的"以场景为导向制定战略"这种思考方式，基本上也是以任务理论为参考。为了让大家能更深刻地理解"场景"的意义，我想稍微对任务理论做进一步的说明。

在克里斯坦森教授的定义中，任务（job）是指比需求更深层次的东西，指的是"在特定场景中的人"需要"解决的问题或课题"。在书中，克里斯坦森教授经常拿奶昔举例。

如果你是老板，需要提高奶昔的销售额，那你会怎么做呢？一般最开始的方案，要么就是丰富奶昔的产品线，比如推出更多口味或添加配料种类；要么就是征询客户意见，按客户喜好细分客户层，进行有针对性的推广。由于这些方案都毫无新意，因此克里斯坦森教授带着团队去店里，对销售繁忙时段客人们的行为进行实地观察。结果发现"早上 8 点是奶昔销售最为繁忙的时段，而且独自来店里买奶昔的男性特别多"。

这些男客人们"为什么要去买奶昔"？克里斯坦森教授的团队经过调查，发现他们都是因为"开车上班需要 1 个小时左右太无聊"，所以去买了奶昔。也就是说，他们是为了完成"愉快地度过开车上班这段时间"这个任务而购买奶昔。因为"奶昔可以慢慢喝，是开车途中最适合的选项"。那开车途中如果不买奶昔还能买什么呢？克里斯坦森教授的团队经过再次调查发现：如果客人们不买奶昔而是买士力架，就会把手弄得黏糊糊的；而买香蕉的话一口就能吃完，消磨不了时间；买口香糖虽然也是不错的选择，但一个小时一直嚼口香糖未免太过无聊。因此，购买奶昔成了最佳选择。

通过发现客人们的"任务"，就会知道客人们其实对口味或种类并不太关心，他们需要的是能在驾驶途中单手操作，不会脏手，而且能长时间使用的产品，这样一来解决方案自然就发生了改变。针对那些想缓解驾驶途中无聊情绪的客人，奶昔店一方面推出了长时间不会融化的奶昔产品，同时简化奶昔种类，并提供自助服务。这样一来，减少了冗余成本，大幅度提高了奶昔的销售额与销售利润。

实际上，场景与任务合为一体，场景发生改变，任务就发生改变，我们的解决方案也会发生改变。

我们继续拿奶昔举例。周末傍晚，很多父亲会带着孩子来买奶昔。这是因为父亲一天都在陪着孩子，肯定会因为什么事情教训孩子，作为家长内心积累了很多压力。然而周末好不容易出来玩，为了让这一天画上一个完满的句号，父亲带孩子来买奶昔，其实是在"为亲子关系制造温情"。这件事对他们来说是一项"任务"。

既然发现了"任务"，那解决方案就好办了。如果奶昔太浓太黏稠，孩子们喝完需要很长时间，同时奶昔很占肚子，孩子喝完奶昔就吃不下晚饭了，这一点也很让家长为难，所以这个场景中的很多奶昔都没喝完就被扔掉了。我们可以发现，在这个场景中，任务是"让孩子感受到爸爸的温暖"，只要买给孩子奶昔这件事情发生了就算完成了任务，所以我们可以降低奶昔的浓度让它喝起来更快，同时设计成孩子喜欢的包装，或者是缩小奶昔杯的尺寸。

"场景"也分大小，有的是让我们整个商业活动能够得以实现的"大场景"，同时也存在不会变成大生意的"小场景"，比如在某些"小场景"中及时给予客户帮助，感动客户。（任务理论是商业创新理论，主要是为企业应对大场景提供战略思路。）在向后数字时代转变的过程中，通过行为数据已逐渐能发现很多东西。企业要想在未来成功，关键在于能否有效利用科技把握各种"场景"，并在此基础上预估相应的市场规模，开展相关商业活动。

从价值链到价值旅程

接下来，我想谈谈"商业模式"这个层面的改革问题。以往典型的商业模式是——产品开发、产品制造、分渠道销售，总的来说都是以产品为核心。在这类商业模式中，"能否卖出产品"是最重要的问题，因此如果产品功能丰富、性能优良、价格便宜、很容易买到，这些优点就能成为核心竞争力，形成传统的价值链。

而到了后数字时代，尽可能提供高频优质的体验才能占据优势，**所以如何陪伴客户更加重要，产品只能看作是与客户接触机会中的某一个客户触点**。可以说，未来将会转变为"价值旅程"经济，所有的客户触点整合在统一的概念（前文所说的愿景）之下，企业需要让客户融入这个概念当中，长期陪伴客户为客户提供服务（见图4-5）。旅程的意思是指"长时间的旅行"。旅程这两个字意味着企业必须从一到十，紧跟客户的体验全程。笔者是借用了"客户旅程"（以客户为中心打造经济商业活动时经常提到的概念）这个概念。

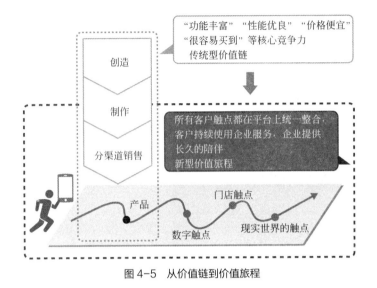

图 4-5 从价值链到价值旅程

现在流行的订阅经济,可以说就是在这股潮流中应运而生的。比如在音乐领域,过去的用户消费形式是购买 CD 或数据,而现在很多用户会订阅 Spotify 或苹果音乐的服务,不再单独购买音乐,而是每月支付固定费用畅听所有音乐。同时,音乐消费自身的价值也在发生变化,过去用户大多是购买自己喜欢的艺人的音乐来听,而现在很多用户会根据场景的氛围来播放音乐,或是与朋友共享歌单,不同的场景被设计了很多用户触点。从陪伴型经济的角度来看,订阅经济也好,价值旅程也好,可以说都是当今世界的潮流趋势。

另外,帮助企业导入订阅服务模式的祖睿(Zuora)公司创始人左轩霆一直宣称:订阅经济的时代即将到来,订阅模式可以适用于所有行业。他在这里所说的"订阅经济"并非单指按月收费型的商业模式,因为他曾这样说道:"如果在开展商业活动时,不知道客户的 ID,无法掌握其实时的行为,不去分析 LTV(用户生命周期价值),那么企业在以数字为起点的时代就无法生存下来。"笔者认为,在"陪伴客户、理解客户、为客户持续提供良好体验"这一点上,左轩霆的观点与我们是一致的。

价值旅程中最重要的部分就是——"如何提高客户对价值旅程的黏度"。要想提高价值旅程的客户黏度,必须用 OMO 的思维方式进行思考。因为 OMO 不会区分线上线下,而是将整个"旅程"进行统一的处理,客户的线下行为也会经数据化整合后被有效利用。正如我们在第 2 章中提到的易车的例子,首先是要设置各种能高频收集有效数据的客户触点,然后通过这些触点收集所有数据,最后将数据反馈给各触点(产品与服务的触点)。这个反应过程越迅速,用户的体验就会变得越好;客户触点越多,客户对价值旅程的黏度也就越高。要创造"旅程优先"的运营机制,关键是要推动价值旅程的不断循环。

与此同时,KPI(Key Performance Indicator,关键业绩指标)考核的指标也应发生变化。在过去产品型价值链的时代,KPI 考核需要考核每一年度销售额的增长程度。而在价值旅程型的商业活动中,是否能让顾客长期使用企业的服务变得十分重要。这个时候就需要把"NPS"作为 KPI 的考核指标。NPS 是"Net Promoter Score"的简写,简单来说就是忠诚度指标。原来传统的客户满意度(CS,Customer Satisfaction)指标主要是考察"客户是否存在不满",而 NPS 指标衡量的是客户忠诚度。例如,就是这样一个简单明了的问题:"0～10 分,你会有多大意愿推荐我们的产品或服务给你的亲朋好友?"回答 9～10 分的人称作推荐者,回答 0～6 分的人称为诋毁者,比较推荐者与诋毁者的比例后进行数值化评分,这就是 NPS。对于价值旅程型经济来说,最让公司头疼的就是客户的流失。而 NPS 指标能分析出客户与企业之间的关系,可以说是客户流失之前的一个中间指标。如果某用户的 NPS 值从 10 下降到了 7,就必须敲响警钟,认为"该用户有流失的可能",及时处理应对。

平安保险集团的完美实践

前文我们已经从"企业战略""事业战略""商业模式"这三个层面讨论了该如何进行企业的改革。而平安保险集团,可以说在是这场企业改革中最为成功的企业之一,之前也在我们的介绍中屡次出现。平安好医生 APP 等属于企业在事业战略及商业模式上的变化,由于前文已经进行了说明,在此无须赘述。这里我主要想以平安保险的企业战略为例进行介绍。

平安保险集团旗下分为保险、银行、投资几大板块,有中国平安人寿保险股份有限公司、中国平安财产保险股份有限公司、平安银行股份有限公司等几大子公司。然后几大子公司旗下又设立了平安科技有限公司、平安健康医疗科技有限公司等科技类子公司(见图 4-6)。

图 4-6　平安保险集团的企业架构

如图 4-6 所示，这三个级别的公司各司其职，发挥了不同的功能。平安保险集团的这种结构完全体现了客户导向型的运营管理方式。

- 中国平安保险集团（图中最顶层）——在企业愿景的层面上引领整个集团，管理客户体验（CX，Customer Experience）品质。
- 各子公司（图中中间层）——管理各客户触点的用户体验（UX），**提高每个客户触点的体验品质**。
- 互联网金融（图中最底层）——作为**科技基础力量**，为各子公司提供支撑。

中国平安保险集团负责对 CX 进行管理。这里的 CX，指的是价值旅程全程的客户体验，客户对企业的整体印象，也就是"客户与企业的关系"。中国平安保险集团每年召开两次 CX 委员会会议，CX 委员会由 10 名左右的管理层人员构成。CX 委员会在会上审核 NPS 的分析结果，对现状进行把握，并制定集团下一步战略部署。负责收集 NPS 的执行部门被称为 PAUX（Ping An User Experience），是 CX 委员会的直属部门，串联起整个集团各部门。

中国平安保险集团的每个子公司都设有"UX 部门"。为了改善每一个客户触点的客户体验，UX 部门负责管理所有单个客户触点（如商品、呼叫中心、APP）的体验品质。在日本提到"UX"，往往都局限于互联网世界，并且被认为是市场营销的从属概念。然而平安保险充分认识到 UX 这个概念的重要性，把"用户在所有客户触点的体验如何"视作事业能否成功的关键因素。在平安保险的眼中，未来线上线下的边界消失以后，UX 部门应该作为管理部门管理所有的客户触点。

而互联网金融这块的子公司为平安保险集团提供了科技支撑，它们分为 AI、大数据、区块链、云处理四大部门，负责开发公司数据库与公司系统。它们开发的系统或数据库可供整个集团使用。本章一开始提到的 LCCH 平台也好，坐拥 2 亿人口行为数据的平安好医生也好，都包含在内。

现在，平安保险集团在进行决策时，是"以价值旅程为中心开展商业活动，看重的是如何让客户喜欢上平安保险"，而并非一味"追求贩卖产品，提高销售额"。然而在一开始，这样的观念无法推动组织行动。保险、银行、投资各个子公司还是执着地追求单个年度的产品销售指标，根本无暇顾及"要转变成价值旅程式的商业活动，以此提高客户对平安保险集团整体的忠诚度"这件事。据说，当时各个子公司的高层们，想不通为什么一定要提高客户对集团整体的忠诚度。同时在各公司内部，即使告诉员工"必须有效利用 UX，使其在未来的商业模式中发挥作用"，鼓励员工使用 UX 来达到当下的目标，也完全得不到理解。

虽然中国平安保险成功重建了组织架构，但改革过程也非常艰辛。内部人士告诉我们说，那些无法接受集团方针，或是无法转换成体验型思维，还是满脑子追求单个年度销售指标的子公司的 CEO 们会遭到解雇，集团会让有 UX 业务经验的继任者接手。

现在，中国平安保险集团已经成为中国民营企业中排名第三的企业，仅次于阿里巴巴与腾讯。

4-3　日本企业如何做出改变

日本企业想要转换为旅程型的商业模式，应该从何处着手进行改革呢？很多人会觉得"首先必须由企业领军人物发号施令,做出改革的决策,不然的话改革就无法进行"。然而在实际推动改革的过程中,我们经常发现基层的抵触力量很强。以我(藤井)的咨询经验看来,在日本要想进行像平安保险一样的自上而下的改革,实际操作起来是相当困难的。

中国的企业,权力多集中于组织上层,自上而下大刀阔斧地进行改革相对来说比较容易。而日本企业,都是稳固的金字塔型构造。就算管理层大声疾呼要实行改革,但下面如果不予以配合,反而会花费较多的时间。然后,如果改革的时间花费过长,结果就会变成"过了三年还不见成效",当成失败处理。结果总经理一换,企业方针一变,最终什么改革都没有实现。

日本的企业要推进改革,光是高喊"改革"的口号,大刀阔斧地改组机构,根本行不通。日本应该通过自下而上的方式进行改革,首先要从小处着手,致力于改善客户体验,慢慢推动良性循环之后打造成功案例,然后再在整个企业进行大规模推广,这样更容易获得成功。进行这种自下而上的改革时需要注意的地方,笔者在这里总结了几个要点以供大家参考。

(1) 管理层必须理解后数字时代的世界观,认识到必须进行 OMO 型的数字化转型。

(2) 总经理—董事—部门经理—基层,必须共享统一的目标与改革推进线(很多时候都是以数字部门为对象)。

(3) 打造"行为数据 × 客户体验"的成功案例,企业上层对此做出褒奖并开展相关运动,号召全企业进行学习。

(4) 借推广成功案例之名,大刀阔斧地对组织架构改革,完善数据基础设施的建设。

由于日本企业很容易变成逆向 OMO 型的思维，经常喜欢用前数字思维来推进数字化转型。所以以总经理为首的管理层必须首先改变自己的认识。管理层的相关人士要理解本书介绍的后数字时代的世界观，要认识到"必须推进 OMO 型的数字化转型"。如果不好好转变自身的认识，就会把数字化转型推向完全错误的方向。

自上而下的改革与目标的共享

日本改革成功的企业，都并非光是总经理高喊"改革"的口号带动大家改革，而是**在总经理之下形成一条"改革推进线"，把特定的董事、部门经理、基层全部串联了起来**。"改革推进线"上的这些成员，要经常参加同一场研讨会，重要成员还要去数字化发达的国家考察。**总之，所有成员必须共享同一目标，统一思想极为重要**。曾经就有位想要进行改革的部门经理，他把董事们带到中国进行考察，当董事们目睹了世界发生的巨变之后，终于也产生了要进行改变的想法。

电通 digital 公司的调查结果指出，**在进行数字化改革时，"管理层与业务负责人（部门经理级别）之间对问题的认识有很大的差距"**。正如图 4-7 所示，管理层更多在意的是投资或数据处理上的相关风险；而负责业务的部门经理一级的人士，对业务线与 IT 之间的鸿沟问题、数字化改革之后业务能力不足的问题担心得更多。

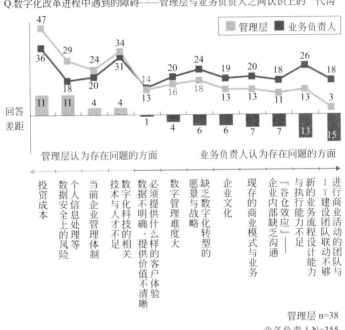

图 4-7 管理层与业务负责人对数字化转型的认知差异

出处：电通 digital
https：//www.dentsudigital.co.jp/release/2018/1214-00341/index.html

虽然企业的理想目标，从过去的一次性销售模式变成了持续性收益型模式。然而突然告诉员工"从今以后我们不再追求每个月的销售目标。现在需要让客户高兴就好，所以努力打磨客户体验吧"，不但得不到员工的理解，还只会被看作是纸上谈兵。所以，首先我们必须用实际行动证明"这个方法的确有效"，才能让所有人参与进来。

为此，我们必须尽快拿出具体的成果。部门经理必须与基层的员工共享同一目标，只有这样才能携手同行，共同创造数字化趋势，有效利用行为数据打造出客户体验型经济的成功案例。如果这样的成果越来越多，就可以名正言顺地推行改革。总经理要广泛推广成功案例，让其他部门也来学习相关经验，如果更多部门能参与进来，那改革的力量就会愈发壮大，进而推动整个组织进行变革。当整个组织都行动起来以后，就可以加强企业整体的数据基础设施的建设。

如果公司规模小、总经理权限大，其实很快就能进行大刀阔斧的改革。不过，从笔者的自身经验来说，与其从企业战略层面到商业模式层面进行自上而下的改革，还不如自下而上改革的效果好，因为从商业模式层面上开始改革见效快，也更容易出成果。

如何打造价值旅程

从商业模式层面上开始改变时，我们首先要注意转变成价值旅程型的商业模式。其中最关键的是打造"两个活动与一个团队"。**两个活动指的是"UX 增长黑客"与"UX 创新"**（见图 4-8），**一个团队指的是"增长团队"**。

所谓"UX 增长黑客"，就是整合企业现阶段所有的客户触点（网站、APP、门店等），从中获取用户行为数据，通过有效利用这些行为数据来改善客户体验，取得商业成果。如果暂时无法获取更多的用户行为数据也没有关系，关键是要踏出第一步：聚焦现有客户触点，运用价值旅程型经济的商业手法，打造"行为数据 × 客户体验"的良好循环。

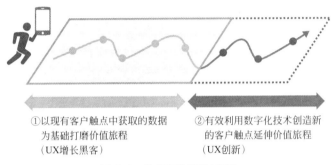

①以现有客户触点中获取的数据
为基础打磨价值旅程
（UX增长黑客）

②有效利用数字化技术创造新
的客户触点延伸价值旅程
（UX创新）

图 4-8　价值旅程的两个活动

所谓"UX 创新"，指的是有效利用数字化技术创造新的客户触点，让价值旅程得以延伸。以亚马逊和阿里巴巴为例，这两家企业过去都是以电商业务为中心开展商业活动。而现在亚马逊推出了亚马逊 GO，而阿里巴巴推出了 OMO 型超市盒马，可以说这就是典型的 UX 创新，两家企业"有效利用数字化技术创造出了新的客户触点"。不过在这里需要注意的是，我们创造新的客户触点是为了获取更多的行为数据，如果新的客户触点拿不到任何数据，那也就谈不上是 UX 创新。

而推进这两项活动的进行、以客户为导向迅速推出成果的团队，就被称为"增长团队"。**由于在日本，要转变为价值旅程型的商业模式最好以自下而上的方式进行，因此把搭建"增长团队"作为企业数字化转型的第一步，由"增长团队"来推进"UX 增长黑客"与"UX 创新"最为理想。**其实"增长团队"

这个词于 2014 年左右曾经在日本风靡一时，不过当时指的是进行网站转化的改善网站的团队，和我们这里所说的意思完全不同。

增长团队需要贯穿整个组织，迅速让事业获得增长。因此，为了围绕既定目标实现迅速改善，这个小单元里必须包含三种角色：工程师、数据科学家、UX 设计师。比如说脸书的增长团队有 200～300 人，其中包含了工程师、设计师、内容战略规划师、数据科学家、增长营销专家等职位，而工程师人数比例达到了 1/3。

增长团队的所有成员，都必须掌握洞察用户行为并从中找出问题点的 UX 基本技能。中国打车平台滴滴曾这样说过："我们企业并没有配备 UX 专员。因为我们全员都是可以从 UX 设计师的角度看问题的专家。"由此可见，"当客户体验的价值日趋重要时，每个企业人都具有 UX 意识是理所当然的事情"，这些先进企业员工的意识已经达到了很高的境界。

很多企业喜欢一开始就着手进行 UX 创新，这可能是出于"必须进行大幅度的改革"的压力。因此，看到其他企业的创新案例就想模仿，推出类似的新业务或者打造新型事业。然而，由于自身并不熟悉如何使用行为数据来打造新业务，也不理解价值旅程或 OMO 等概念的意义，所以往往以失败告终。另外，想要构建基础系统时也经常存在经费不足的情况。其实，我们从阿里巴巴打造盒马的案例中可以发现，阿里巴巴原来在电子商务与支付领域已经积累了一定程度的"UX 增长黑客"的经验,然后通过有效利用现有的行为数据,构建相应的基础系统,提供足够的技术支持,这样才使盒马获得了成功。**虽然大家往往都会被"创新"两个字吸引,一来就想进行"UX 创新"。但是实际上,只有扎扎实实地先推进"UX 增长黑客"活动,习惯了如何有效使用行为数据之后,再把这笔经验财富迁移到"UX 创新"的活动当中,才是上策。**

什么是 UX 增长黑客

简单来说,**UX 增长黑客将增长作为唯一的目标,利用行为数据改善用户体验,用户体验改善后又积累了更多的行为数据,推动这个循环高速运转的人或者活动就称为 UX 增长黑客**。具体来说,就是以门店、网站、APP、呼叫中心、商品目录等现存的客户触点为基础,从中进行数据收集后汇入客户数据库,经过数据的统计分析后,提出改善措施,在各个客户触点上线实验,然后再次收集数据……推动这个循环高速运转,这就是 UX 增长黑客。(见图 4-9)

在构建数据分析的基础系统时,在策划支持 / 分析工具的时候最容易遭遇瓶颈。其实这个部分主要可以分为两大类:"**UX 最优化**"——AI 对数据进行自动处理,使其符合每一位客户的特点;"**UX 策划**"——对体验或功能提供更改与改善。增长团队的工作属于后者。现在数据驱动的市场营销正成为一股潮流,很多企业都在通过加强系统建设来实现前者的"最优化"目

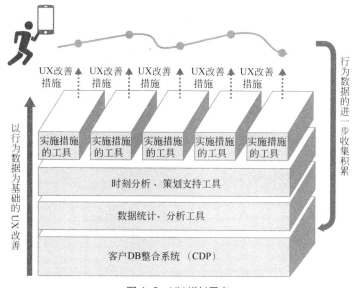

图4-9 UX增长黑客

标。比如客户数据库有客户 DB 整合系统（CDP，Customer Data Platform，客户数据平台），数据统计分析有 Tableau 这样的 BI 工具，而上线实验也有各种营销自动化工具。现在，可以说很多企业都已经建构了能自动实现客户一对一服务最优化的系统，**但是却没有感受到自己的商业活动发生了什么大的变化，这是因为即使实现了自动最优化，也只是为客户提供了符合其个性的选择，而企业的服务价值、体验价值并没有得到改善**。这个时候，以行为数据为基础，从中发现潜力股，对其进行挖掘培养的"策划"也就是增长黑客活动，就非常必要了。但是这些分析策划活动如果没有业务基础系统的支撑，一般人很难开展工作。可以说日本的现状就是，只有一些非常专业的人士才能开展此类业务。未来将如何发展，笔者不得而知，不过可以肯定地说，现在把这一部分交给 AI 还比较困难，需要由人来开展相关工作。由于一般员工不会以 UX 为基础进行分析策划，也没有相关系统工具的支持，所以现在只有少数拥有专家团队的公司获得了成功。但是，即使拥有专家团队的公司也会发生这样的情况：由于只有极少一部分的数据科学家能够进行相关分析，而他们想出来的策划或措施，一般员工没有很好地理解，最终导致无法落实。

当下我们需要开展的业务是——"瞬间分析"

在新的时代，企业需要具备"挖掘行为数据价值，以此策划客户体验"的能力。因此，我们必须转变我们的视角，重新定义"什么是行为数据"。

现在很多企业都能将统计数据进行可视化处理。因此，有些企业认为"我们手里有数据，也进行了可视化处理"，好像就感觉完事了。其实，"通过数据洞悉用户所处的状况，并着手进行改善"这项工作是极其艰难的。首先，要解析数量庞大的数据，将其实际运用到改善客户体验中去，这项工作对于对数字有抵触情绪的员工来说是非常困难的。其次，在对数据进行平均化处理时，又常常会磨灭顾客的特性造成数据无法使用。再者，通过数据解读客户行为的因果关系十分困难，除了数据科学家很少有人可以做到，所以也没法有效利用数据。而日本本身就面临着数据科学家缺乏的问题，就算企业想大量雇佣数据科学家，也找不到合适的人选。而且就算找到了数据科学家，也并不意味着可以马上推动改善循环的运转。**行为数据如果是"艰深晦涩、难以处理的数据"，就很难得到有效的利用，因此，我们必须改变我们看待行为数据的方式（数据保存方式、数据呈现方式），将其变为以时间顺序排列的"瞬间数据"，让一般员工也容易操作使用**（见图 4-10）。

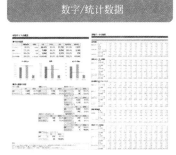
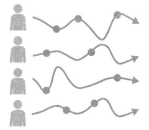

- 对于对数字有抵触情绪的员工来说艰深晦涩
- 各式各样的行为特征会被平均化
- 解析数字背后的因果关系十分困难
  数据科学家以外的人难以进行操作处理

- 谁都容易理解
- 能区分不同行为类别进行分析
- 容易推测行为背后的因果关系
  普通人也能进行分析/策划

图 4-10　数据处理方式的转变

将单个客户的行为，根据时间顺序排列形成"瞬间数据"，其实与平安保险的"时光轴"是同样的做法。如果客户行为能根据时间顺序进行可视化处理，那客户所处的状况、前后关系就比较容易想象和类推，寻找行为之间的因果关系时就会比较清晰。这样一来，能够大幅度提高一般员工对分析和策划工作的参与度。

这意味着什么呢？这意味着虽然现在数据自动化能够处理定性的调查或分析，但是如果我们再深入下去，会发现"观察每一个用户"的程度仍然不够精细，分析结果难以用于策划新的客户体验。所以，在关注"每一个用户"的基础上，我们必须更进一步，划分出更小的单位"瞬间"进行观察。**在以场景为导向的、重视"行为数据 × 客户体验"的时代，我们在进行分析策划时，必须使用比"人"更小的单位"瞬间"来进行观察，我们称之为"瞬间分析"。**

瞬间，指的是"人在特定场景中发生的行为，以及由此展开的派生活动"。谷歌也提倡过"微小瞬间"的分析方式，不过我们这里所说的瞬间比谷歌的"微小瞬间"的时间更为持久。

比如说，现在有这样一个场景"家里冰箱里的牛奶喝完了，必须进行补充"，对于消费者来说这就产生了一个"瞬间"，"从考虑去哪里买开始，如果觉得附近的便利店就行了，到便利店购买完成为止"，都属于这个瞬间的范围。类似这样的一个个瞬间，比如说我们之前提到过的买牛奶、孩子哭等，其实很多不同的人都会遇到。我们需要关注这些大家都会遇到的"瞬间"，然后根据消费者遇到类似"瞬间"的频率高低以及数量多少来设置优先级。以场景为导向提供解决方案，打造商业模式。可以说，"瞬间分析"这种分析方法不是以人为基础，而是以场景为基础来对市场规模做出更精细化的分析。

如果累积了大量的行为数据，自然我们需要通过 AI 进行解析。这个时候，我们需要 AI 抽取的是"有特征的瞬间"与"客户体验普遍不舒服的瞬间"。以 AI 实时抽取出的问题与特征为基础，由人负责策划并制订方案，这样就能迅速推动 UX 增长黑客活动的进行。

同时，我想再次强调统计数据分析与一对一个性化营销的重要性。尤其是现在的 AI 能够进行大批量的数据处理，因此自动实现每个用户服务的最优化变得十分重要。正因为现在有了这样的技术支撑，盒马 APP 就能对 3 公里半径圈内的用户提供符合用户喜好的个性化界面与商品推荐，而平安好医生也能找到最合适的时机与客户进行有效交流。

不过，这些都是"服务的应用"与"商业模式"方面的例子。如果我们要打造新的业务或谋求现有业务的改善，需要对"瞬间"进行关注，从中找出那些困扰用户的时刻，挖掘用户的常见行为模式，由"人"来发挥想象力进行策划与方案的实施，"人"在以后也将继续发挥重大作用。

UX 创新

"UX 增长黑客"是对现有的客户触点进行改善，而"UX 创新"则是通过有效利用数字技术来创造新的客户触点，这项工程并非一朝一夕就能完成。我们在前文的任务理论中提到过奶昔商品开发的例子，其实可以把同样的方法运用到价值型经济活动中来。

很多商业计划或新的服务，经常让人失望的一点就是"只是用商业观点在进行考虑，完全没有考虑到使用者的利益"。推广无现金支付也是同样的例子，虽然我十分理解企业想要获取数据的心情，然而不得不说，很多企业并没有认真考虑如何让用户迈出沉重的第一步来使用新服务。

在这里，我想介绍一下腾讯当年是如何推广微信支付的。

一开始，腾讯为了让用户体验到"手机支付的乐趣"，以极客为中心展开了推广。当极客群体用户累积到一定程度时，为了让更多的人也开始使用这项服务，腾讯以极客群体为核心，精心策划了"抢红包"的营销活动。腾讯在微信群里提供了"前三人瓜分 100 元红包"的功能，由于抢红包游戏充满了乐趣，用户纷纷参与了进来。当游戏普及到一定程度后，用户微信里的红包数额会越来越大，如果想用掉红包里的钱就必须开通微信支付功能。这样一来，由于微信本身就是中国用户常用的社交软件，自然而然地用户就开始使用微信支付，还绑定了银行卡充值或消费。由此微信支付迅速得到了普及。

腾讯的推广方式是以特定的目标用户群为震源中心，为他们提供愉快的体验，然后以该用户群为中心向外围进行推广。这种推广方式彰显了腾讯公司原来作为游戏公司的独特之处。然而，在此我想强调的是他们的思考方式，"企业提供的核心体验，必须让处于特定场景的人群能够沉迷其中，同时要让用户能够感受到便捷并从中获取收益，由此破除用户的使用障碍"。其实，"有效利用数字技术来创造新的客户触点"只是我们的行为结果，而 UX 创新的本质在于能否让人们持续使用新的客户触点。也就是说，"能否发现客户所处的场景，为其提供的相关核心体验能否让客户达到一个更幸福的状态"，这才是 UX 创新的本质。

要创造出这样的核心体验难度非常高，不过我们可以按照以下几个要点进行发散性思维。

- 体验的连续性
- 行为观察
- 设计思考

"体验的连续性"与事业的领域选定，几乎是同义语。我们在创造新的客户触点时，需要注意与其他触点的连续性，如果没有连续性，那客户也没办法好好使用。大家可以想象一下，如果一家汽车公司突然开始酿酒，那客户大概会认为这家公司疯了吧。在这一点上，平安好医生的例子极具参考价值。平安好医生以"问诊与医院预约"这两项核心体验为基轴，推出相关领域服务的客户体验，如提供健康信息、销售药品与健康食品、通过走路赚积分系统培养客户运动习惯，等等。这些服务与核心客户体验实现了无缝链接，客户当然也就乐于使用。

"行为观察"，在奶昔的例子中我们已经进行过说明，指的是"通过观察用户行为发现问题点"，这就意味着"不要相信人们嘴上的话语"。因为人们虽然不想撒谎，然而往往由于周围环境的因素，不一定能够表达自己的真实意愿，不会用真实的语言说出自己的需求，自己想干的事情和想要的东西。要排除人为因素的干预，最有效的办法就是"观察人的行为，从中寻找发现"。这与我们说的发现"瞬间"其实几乎是同一回事，但在进行 UX 创新时，我们必须发现"新的场景"，所以这项工作不光要在数字环境中进行，还必须继续坚持到街头巷尾去、到现场去进行观察。

最后就是"设计思考"。设计思考本身是一个非常宽泛的概念，而在这里我们主要指"测试模型，不断进行摸索"。人们虽然很难准确地说出自己的需求，但是如果把产品或 APP 摆到用户面前，让用户使用后进行评价，这时候往往能得到更加真实、更加正确的反馈。如果我们想出了好点子，要尽快将其以具体形式呈现出来，并让预定的目标用户进行使用。这样一来，就能知道用户能否持续使用我们的服务或产品。

4-4 在万物互联的世界中寻找我们的可能性

当整个世界都在向后数字世界转变时，我们的经济活动也会变成 OMO 的形式。未来社会的商业竞争是以客户体验为核心的竞争，企业为客户提供的体验越好，就能获取越多的行为数据，而企业又可以通过有效利用这些数据，改善客户触点的客户体验，推动这个循环不断向前发展。在体验型经济的竞争社会中，对"客户体验 × 行为数据"进行改革尤为关键，因此企业必须将商业模式转变为 OMO 价值旅程型的商业模式。在日本想要进行这项改革，笔者认为最重要的是"搭建增长团队，由增长团队来推进 UX 增长黑客与 UX 创新，通过自下而上的方式进行改革"。

本书主要以中国为例，介绍了当今世界正在发生的巨大变化以及我们未来的思考方向。读完本书之后，很多朋友可能会感觉日本已经远远落后于人，追赶上去难度很大。然而笔者认为，**日本企业虽然容易找错立足点，喜欢用前数字时代的思维方式来思考问题，但同时也具有极大的潜力**，而且之前他们所做的工作也并非毫无价值。

要推进 OMO 的实践，必须把科技与人、场所等现实世界的客户触点融合起来进行考虑。中国擅长制造的"客户体验"，更多关注数字服务带来的便捷性与激励性，也就是说更偏重于"方便、实惠"，所以更重视客户触点的接触频率。中国有 14 亿人口，企业考虑的是要尽量扩大用户群体，所以最终就变成了越通俗易懂、越方便实惠的产品或服务就越受欢迎。

然而对于日本来说，更擅长的是制造一对一服务的"客户体验"。也就是我们在《客户成功学》中提到的高接触型客户触点，好不容易得到单独面对客户的机会，企业必须抓紧时机去

创造"信赖与感动"。在日语中,有思いやり(体贴)、もったいない(浪费了可惜)、せっかくの機会(好不容易的机会)这些很难用英语表达的词汇;这些词汇都体现出了一种细致入微的关怀之意,日本在进行面对面服务时的品质之高可见一斑。

同时,由于偶发接触型的客户触点正广泛增加,企业通过这类触点,能掌握对客户来说"最合适的时机、内容以及交流方式"。如果在最合适的时机设置客户触点,其即时性就会产生无与伦比的价值;中国就是以这种方式迅速推动了数字化发展。如果能**在"最合适的时机"这个基础上,向用户提供日式"热忱接待与体贴关怀",那我们就能创造出"世界上最棒的优质体验"**。

要实现这一点,最重要的是转换我们的思维,培养后数字时代的思维方式。正因为如此,笔者特意为本书起名"后数字时代"。相信"后数字"也好,"OMO"也好,这些概念在日本都会变得习以为常,我深切地期盼着那一天能早日到来。

后　　记

数字科技引人向善，让我们借助数字科技力量，创造一个努力终会得到回报的社会

我是尾原和启，感谢大家阅读本书。

看了"前言"的朋友们，大家好！（我跟藤井君也是同样的类型。本书满载着解读未来变化征兆的各种线索，大家可以随意翻阅，找到自己感兴趣的话题来进行深入的阅读，相信本书一定不会让您失望。）

"数字转型""无现金支付革命""AI、数据将变成石油的时代"这些说法，近年大家经常有所耳闻。如果大家在阅读了本书之后，不再感到担心，而是萌生出了希望，知道未来自己应该怎么做，那我将不胜荣幸。

不要问 What，而要问 Why 与 How

接下来，我想简单介绍一下我自己。我曾在谷歌、Recruit、乐天等企业供职，主要负责新业务和业务开发等工作。我坚信"科技能让人类更幸福，同时能帮助人类更好地实现自我成长"，所以现在我也一直在帮助各种企业用科技力量推动企业的发展，希望为这项伟大的事业添砖加瓦。

说到我为什么要加入谷歌、Recruit、乐天这三家公司，是因为：

- 谷歌能让所有用户在任何地方都能方便地搜索到自己需要的信息。
- Recruit 能为用户提供在过去的人生中从未有过的选择。
- 乐天市场把日本各地的土特产与魅力故事相结合，向全世界进行推广。

这几家公司都在自己的发展道路上大步迈进，他们的 Why 深深吸引了我，因此我加入了他们的大家庭。

当今世界，AI 极速发展，"金融资本主义"正在向"数据资本主义"过渡，那些掌握了庞大数据的公司——GAFA、阿里巴巴、腾讯等的股价市值也在市场上独占鳌头。现在，"数据资本主义"不但改写了整个互联网，同时也将对现实世界重新进行书写。这势必引起众多企业的恐慌，"我们会不会被掌握了数据的大公司操控？""与其被人操控，还不如我们自己成为平台企业""我们现在必须进行数字化转型"，受这些恐惧心理的驱使，如今到处可以听闻人们在喊着"平台企业""数字化转型"等口号。

同时，在 beBit 公司的带领下，我们对中国、爱沙尼亚、硅谷许多 OMO 先进企业进行了考察，目睹了互联网给现实世界带来的巨大变化之后，明白了一个道理。这些先进企业谋求的并不单单只是改变企业本身，他们的目标是改变人们的行为，甚至是国家的存在方式。用欧美人的话来说，这些企业从事的经营活动的原理一直在进行升级，可以说每天都在不断进化。

"在激烈变化的时代中地图没有用，我们需要的是指南针。"

MIT 媒体实验室的所长，伊藤穰一曾说过这样一句话。

数字科技正在对现实世界进行改写。

技术正在不断进化，远远超出人们的想象。

在这样的一个时代中，关键是要找到"Why"与"How"。"Why"就是我们的指南针——"我们将驶向何方？""How"就是我们不断进化底层原理——"我们应样怎么去做？"

价值 = 差异 × 理解——如何享受无法预见的未来

话虽这样说，但没有地图就出门冒险大家肯定会担心，这个时候我们需要掌握一个公式：

$$价值 = 差异 \times 理解$$

这是主动学习（Active Learning）专家羽根先生传授给我的一个公式。如果是同样的东西摆在一起，我们就很难发现哪个更有价值。有了差异才会产生价值。但是如果差异太大，超出了我们的理解范围，我们不但不会感受到其价值，反而会因此产生担心或者恐惧，最终也只能感受到负面价值而不了了之。

现在在中国、在爱沙尼亚发生的一些变化已经超出了我们的理解范围。"这两个国家跟日本不一样"，可能有些朋友会产生这样的情绪，关上理解的大门。我希望大家以阅读本书为契机，增加一些理解，掌握一些原理，把差异变成价值，和我们一同享受这场没有地图的冒险旅行。

掌握后数字时代的原理，与数据巨头们共舞

掌握 Why 与原理，能拓宽我们"理解"的领域，这不但有助于推进企业数字化转型的冒险旅程，同时在与数据巨头们打交道的时候具有尤为重要的意义。当今世界正在急剧变化，这种变化过于剧烈甚至让我们产生了恐惧，因此有的时候会想要踩急刹车，阻止变化的发生。诚然，"数据资本主义"的抬头会带来某些副作用，这些副作用我们在第 3 章中也曾提到过。但是关键在于我们要理解它们的原理，对它们进行约束，而不是阻止变化的发生。同时，当 API 串联了整个世界以后，理解这些数据巨头的想法能帮助企业抢先实现进化，在未来的时代中创造出一个"非我莫属"的位置。笔者认为，企业不要把这些新兴的"数据资本主义"巨头当作敌人来对待，而要把它们视为可以共舞的"朋友"，只有这样，才能实现共同监督、共同繁荣。

冒险与探索的旅程还将继续

未来将持续发生变化,新的原理也将源源不断地产生。其实在本书的出版过程中,我们不停地想增加新的内容,弄得编辑很是头疼。

正如"前言"所说,本书是由我与 beBit 公司的藤井先生共同执笔完成。(藤井先生长期活跃在中国,与走在时代最前沿的企业保持着紧密的联系。因此,本书的案例大部分都由藤井先生提供。)

如果本书能引领您走进后数字时代的冒险乐园,或是带给您一些新的启发,我将感到无比高兴。beBit 公司的博客(https://trillionsmiles.com)上,刊登了很多相关的嘉宾对话与专家访谈,我也开设了在线讲义(https://camp-fire.jp/projects/view/67985),希望大家有空时参考,我们会随时更新最新的信息。有更新时我们在推特上也会发出通知,大家也可以关注我们的推特账号:尾原(@kazobara)、藤井(@numerofujii)。另外,如果大家看完本书之后有什么想法,也可以用"#后数字"标签进行投稿,我非常期待看到这本书能引起什么样的化学连锁反应。

写在最后的话

在本书的写作过程中,我们得到了多方的支持,在此请允许我表示诚挚的感谢。

责任编辑松山贵之先生一直耐心等待我们对原稿不断进行更新，在此深表感谢。

作家铃木沓子女士费尽万般心思，将尾原与藤井两人深奥的长篇大论整理成型，在此深表感谢。

田村耕太郎老师为我们介绍了中国地缘政治学领域最前沿的专家老师。如果没有田村老师的真知灼见，可以说本书无法达到现在的深度，在此深表感谢。

小山薰堂先生不顾高烧带来的身体不适，坚持在中国T企业举办了精彩的演讲，由此引发了T企业精英们的讨论，激发出大家对未来的深刻洞见。当时的内容也成为本书的一大支点，在此深表感谢。

当然更要感谢陪伴我们到最后的读者们。数字科技引人向善，让我们借助数字科技力量，创造一个努力终会得到回报的社会。亲爱的读者们，来同我们一起继续冒险与探索的旅程吧。

作者代表　尾原和启
2019年1月

说明：
本书内容基于作者写作时的信息写成。